A Beginner's Reader-Grammar for New Testament Greek

A Beginner's Reader-Grammar
for New Testament Greek

ERNEST CADMAN COLWELL
in collaboration with
ERNEST W. TUNE

Copyright © 2001
Hendrickson Publishers, Inc.
P.O. Box 3473
Peabody, Massachusetts 01961-3473

Reprinted from *A Beginner's Reader-Grammar for New Testament
Greek,* Harper & Row, © 1965 by Ernest C. Colwell and Ernest W.
Tune.

For the Hendrickson Publishers edition, the preface has been updated
and several typographical corrections have been made in the Reader.

Printed in the United States of America

First Hendrickson printing — March 2001

Library of Congress Cataloging-in-Publication Data

Colwell, Ernest Cadman, 1901–
    A beginner's reader-grammar for New Testament Greek /
Ernest Cadman Colwell in collaboration with Ernest W. Tune.
        p. cm.
    ISBN 1-56563-599-X (paper)
    1. Greek language, Biblical—Grammar. 2. Greek language,
Biblical—Readers. 3. Bible. N.T.—Language, style. I. Tune,
Ernest W. II. Title.
PA817 .C65 2001
487'.4—dc21

                                                        2001016825

CONTENTS

FORMS WITH CASES

FORMS WITH TENSE AND CASE

FORMS WITHOUT TENSE OR CASE

PREFACE

This book is written primarily for ministerial students. It is designed to open to them the lexicon and the grammar, and to give them control of the basic vocabulary of the Greek New Testament. It is hoped that they can go on from this to interpretation of the Greek text, or to advanced work in syntax.

It assumes that students begin with no knowledge of Greek at all, and in its discussion of grammar it is elementary in the most basic meaning of the term. It assumes — as the result of sad experience — that students lack a knowledge of English grammar and possess little or no grammatical vocabulary. It explains the obvious and postpones the unusual and the refinements of Greek syntax.

Because of these limitations and the modest goals aimed at, this text can reasonably be expected to achieve its purpose in one semester's study. Thus we hope that this text will serve to increase the amount and significance of study of the Greek New Testament even in the congested curriculum of these days.

For the inspiration, insight, and lore brought to us by the more scholarly work of others, we express our gratitude — most especially to Ernest DeWitt Burton, Ludwig Radermacher, James Hope Moulton, C. F. D. Moule, and Edgar J. Goodspeed.

Our evaluation of the work of Walter Bauer and Blass-Debrunner is shown in our decision to write with these specific works in mind as the essential supplement to our work. The current English versions of these are:

A Greek-English Lexicon of the New Testament and Other Early Christian Literature, revised and edited by Frederick William Danker. 3d ed. Chicago: University of Chicago Press, 2000.

A Greek Grammar of the New Testament and Other Early Christian Literature, by F. Blass and A. Debrunner. A translation and revision of the 9th-10th German ed., incorporating supplementary notes of A. Debrunner, by Robert W. Funk. Chicago: University of Chicago Press, 1961.

May the student find this text a help toward understanding the Greek New Testament — the most influential book in our world!

E. C. COLWELL
E. W. TUNE

SCHOOL OF THEOLOGY AT CLAREMONT

INTRODUCTION

It is a commonplace in our profession that no teacher of introductory New Testament Greek is ever satisfied with the textbook available. He almost always writes one of his own. If and when it is published, however, it turns out to differ from others solely in matters of terminology or of minor adjustment of the major parts of the individual lessons. If there is to be real improvement, the new texts of the future must differ radically from the present crop. This book presents one possible radical divergence.

The text departs most markedly from the usual elementary New Testament Greek book in the centrality of its graded Reader. We have abandoned the method which takes the student through a progression of grammar lessons each concluding with a few sentences for translation. Rather, after learning the alphabet and the pronunciation of Greek words, the student begins immediately to develop skill in finding his way from a word as encountered in reading to its appropriate lexicon entry. From this point on he immerses himself in the Reader with lexicon in hand. All further grammatical principles are then brought in by way of explaining relationships observed by the student in his reading of Greek.

Because the Reader is graded according to actual New Testament word frequencies, the student will become most familiar with those words, irregular as well as regular, which are most used by the New Testament writers. In thus relating its reading material to the learning of forms, vocabulary, and basic syntax, this book leaves the usual approach.

It is assumed in the pages that follow that student interest and sense of achievement will be furthered if the learning of Greek be divided into a series of steps with different methods

of study at each stage. The first step should be an elementary
knowledge of forms; the second, the development of vocab-
ulary; and the third, attention to syntax and idiom and the
fine points of grammar. This book takes the student rapidly
through the first two steps alone. The third must be left as a
task for later study since it is beyond our present scope.

The first step enables the student to turn from the Greek
New Testament to a good lexicon with confidence that he can
find the word in question, and it gives the student the ability
to identify the form of the word precisely enough to be able
to turn to a grammar and read the discussion of the significance
of the form. In other words, our modest goals are to equip
the student to be able to use a lexicon and grammar. These
abilities are the minimum skills essential for any profitable
use of Greek in the parish ministry. They are also the first step
toward ability to use the Greek Bible on one's own.

This text takes the second step by giving the student a
mastery in context of all words occurring more than 50 times
in the Greek New Testament. These words will give him the
key to a considerable amount of text in the Gospels. And
even where he must look up words, knowledge of this basic
vocabulary enables him to move along with a sense of accom-
plishment in his reading.

The Identification of Forms

The inflections of the Greek language are usually taught
by rote memory. The underlying assumption of this method
is that if the student has memorized the approximately 500
forms of the Greek verb then he will be able to identify any
of these forms when he runs across it in the text of the New
Testament. And the same assumption is applied to the study
of nouns, adjectives, participles, etc.

This book assumes that such memorization is unnecessary
and that the student needs to memorize only the generaliza-
tions drawn from the memorization of a mass of detail.

We all make these generalizations quietly and use them for purposes of identification and study, when we are at work on the Greek New Testament. For example, when a student asks the teacher what form ἐλύθην is, does the teacher recite to himself all the forms of the word λύω, beginning with the first person singular of the present active indicative and continuing for fifty, sixty, a hundred items until he comes to ἐλύθην and then say that it is the first person singular, aorist passive indicative? We doubt it. What he has done is to memorize certain identifiers which tell him, as he looks at this word, that it is an aorist passive indicative. The prefix ἐ, the θ and η in the ending are all that he needs to tell him that this is an aorist passive. Why not then teach the student these identifiers which are really generalizations based on our study of the individual items? If this is feasible, we can eliminate a great amount of tedious routine from the present process of teaching forms to students of New Testament Greek.

Our presentation tries to accomplish this simplification through the memorization of a very limited number of forms, and, *most important*, through the extensive use of the Tables of Identifiers that cover the forms that occur in the Reader.

The student is asked to memorize (1) the alphabet (2) the verb εἰμί, "to be," (3) the article, (4) the common pronouns, (5) the present participle of εἰμί. The student should read carefully for discussion in class the rest of the grammatical material, but it should be learned by using it in connection with the Reader.

The initial step in this process of learning is the identification of one set of grammatical forms after another — first of all, the identification of the tense of the verbs. The student will then in each case turn naturally to the study of the significance of a given tense, which is explained in the simplest elementary terms.

These two steps, identifying forms and learning their significance at an elementary level, should be continued until the student achieves an ability to identify rapidly the regular, recurring forms.

Alphabetical lists of troublesome forms that occur in the Reader are provided to supplement the help given the beginner in the Arndt-Gingrich translation of Bauer's lexicon. Even irregular forms that appear in that lexicon as separate, alphabetical entries are often included in these lists.

The Reader

The Reader is meant to be read. The student should *not* try to produce from it the correct written translation to be taken to class as the basis for an impressive recitation, and above all he should not interline his translation.

You, Dear Student, should not try to do this for three reasons:

First reason: You know too little to produce a correct translation. (The teacher knows you cannot produce it, and does not expect it.)

Second reason: There is no such thing as the correct translation. If the teacher seems to imply that there is, be patient with him; after all he has to struggle with other students who seem totally destitute of grammar, and fatigue sometimes unbalances his judgment.

For there is no single Greek word that has an *exact* equivalent in a single English word. In the Grammar under the heading CONJUNCTIONS, we have given the Greek word καί and its "English equivalent": and. But καί not only means "and"; it also means "also," "even," "and yet"; and in some instances (in Mark's usage, for example) it does not mean anything that can be rendered by a specific word in English. The rest of the sentence (plus the sentence before and after) tells what it means, and there may be several good translations.

Third reason: If you write an interlinear translation, that imperfect product of your limited knowledge—limited as of the day you produce it—is all that you will be able to read when you return to this page. You will not be able to read the Greek, even when your knowledge has advanced.

If you follow the ill-advised elementary-school method of writing a translation and then relying on that, you will not easily master the basic vocabulary of the Greek New Testament. And the Reader has been produced with just that purpose—to make it possible for you to master easily the basic vocabulary of the New Testament.

You can achieve this mastery if you read each section over and over—from five to ten times (aside from later review). You must read the sentences into your memory—reading the Greek aloud will help.

But this takes time, and a lot of it. Therefore the effort to produce the perfect recitation must be abandoned. Time is too short to trace every baffling detail; bring questions about these to class, but read the whole lesson over and over.

The Reader contains a vocabulary of about 300 words. These words occur in the New Testament with a frequency ranging from more than 500 times down to 50 times. All words that occur at least 50 times are included.[1] Proper nouns and a few other words are added from outside the frequency lists, but most of these are easily recognizable when transliterated into English. So also some compound verb forms are included on the assumption that a knowledge of prepositions will facilitate finding them in the lexicon.

These words are presented in small doses averaging about 20 words to a section, beginning with the most frequent and ending with those occurring only 50 times. An average of 30 old words is used for each new word; that is to say, the 20 new words appear scattered through a 600-word passage. Each new word is used at least 3 times in the first section in which it appears.

The meagre vocabulary used at the beginning reduces the content of the early sections to drivel; but as the vocabulary grows, the Reader draws directly upon the content of the

[1] We have drawn these words from the work of Professor Metzger: Bruce M. Metzger, *Lexical Aids for Students of New Testament Greek* (published by the author, Princeton, N. J.; enlarged edition 1958).

New Testament[1]—edited down where necessary. Pains have been taken to control the number of idiomatic expressions; those which do occur are usually explained under the appropriate word in the Arndt-Gingrich translation of Bauer's lexicon.

The material in the Exercises is designed primarily for drill in forms and for the rapid learning of that minimal vocabulary without which Greek sentences cannot be read. Therefore in these sections each sentence has been numbered to facilitate reference to the identification tables and the grammatical definitions. Here the smallness of the vocabulary and the rigorous avoidance of distinctive Greek usage (e.g., in the use of the participle) make impossible the achievement of continuous narrative or conversation. Even in the Reader, the opening sections suffer from these restrictions, but fidelity to New Testament usage is rapidly achieved.

If the Reader is to be effective, its use must be unconventional. Enough reading material is supplied here to make the mastery of vocabulary possible through extensive rapid reading. If the student painstakingly works out a written translation, he will fail to learn the vocabulary. In the use of the Reader, the emphasis should be on the covering of a large amount of reading material day by day, rather than upon grammatical detail. Knowledge of grammar should come from an analytical observation of the Greek text in which the student is immersed. Learning here comes from frequent repetition—much as a child learns language. An advanced knowledge of grammar, syntax, and idiom is a task for later study.

The precise and limited purpose of this work bears repeating: this text will equip the student with a basic vocabulary for New Testament study, and with the ability to use a lexicon and a grammar in the continuation of such study.

---

[1] A few sentences are also taken from the Didache, Shepherd of Hermas, and Greek Old Testament.

SUGGESTIONS TO THE TEACHER

Since this text has many unusual features, we take the liberty of suggesting certain procedures in regard to its use.

Although the presentation relies heavily upon the use of a good lexicon, its major reliance is upon the contribution which the teacher will make in the classroom. This is in no sense a "do-it-yourself" book. For example, from the very beginning we use verb tenses in the free way they are used in the New Testament. The teacher will need to help the student in this regard since the student expects everything to be regular. The teacher should follow his own judgment as to the rate at which the material is covered. If it seems to be too fast for the student, go back and start over. Do not hesitate to repeat. Repetition in context is the key to the mastery of this material.

Since we follow the basic principle that one should first learn what is most frequently encountered, we have used the common irregular verbs from the beginning. This avoids the painful mental shift involved in following the reverse process—which canonizes the regular verbs. The student needs to learn at the beginning that no language is "regular," that language is *not* an exact science.

The Reader should be approached with a "light touch" so that the student will gradually find out that he can identify *most* of the forms which he encounters—even though he cannot explain every detail of grammar or syntax. The student should be encouraged in imperfect performance at this stage. He should not be expected to spend a lot of study time pondering details which the text does not explain.

Once the student has learned the alphabet and pronunciation, his attention should be directed to the identification of verb forms selected by the teacher. The approach to the identification of noun forms is the study of the Article. Then the student can turn to the Exercises.

There are only 13 verbs in the three sections of Exercises, and the total vocabulary is proportionately low. This means that there is a large amount of repetition, these words being used in as many forms as possible. (There are no participles in the Exercises.)

The remaining grammatical material is to be "worked" piecemeal against the Reader at all times. Keep the student from the delusion that this is a grammar to be memorized as a whole. It is instead a commentary on the Reader.

Although the forms of πιστεύω are listed in the back of the book, avoid them like the plague until the student has learned the techniques of identification presented in the Grammar. The complete paradigms are there only to give the whole picture *after* the initial approach is solidly in hand.

There are no vocabularies—no lists of words to be committed to isolated, rote memory. Hence the student is driven to the use of the lexicon from the beginning. The importance of a lexicon in the possession of every student cannot be overstated. The Arndt-Gingrich translation of Bauer explains the idioms that appear in our Reader. The teacher's assistance to the student in the use of the lexicon will be invaluable.

As the end of the term approaches, we have found value for the building of student confidence in the use of an actual Greek New Testament. Selected passages are used for sight-reading periods of twenty minutes or so.

Much of Greek syntax and a considerable amount of morphology are left for later learning. For example, there is no discussion of various kinds of verbs—verbs with liquid stems, and verbs whose lexicon form ends in -μι. The student will be better off if he does not have to grapple with such details at this stage of his study. This text is an elementary introduction. We have taught it several times, and have found that it does prepare the student for courses in reading the

Greek New Testament. It does this in one semester or quarter, and gives the student more fluency in reading than the conventional one-year course.

Since repetition in context is the strength of this method, most of the class time must be devoted to the student's reading. Make him read! He tends to want to talk *about* Greek. The teacher's task is to make him read it. This requires some self-discipline, also. The more Greek the teacher knows, the harder it is for him to stay his hand—or his mouth. Let the student read!

THE ALPHABET

Small	Name	Capital	Pronunciation	Number
α	alpha	A	a as in cat or as in father	1
β	beta	B	b	2
γ	gamma	Γ	g as in go (γγ, γκ, γξ, γχ as in sing)	3
δ	delta	Δ	d	4
ε	epsilon	E	e as in get	5
ζ	zeta	Z	z (dz)	7
η	eta	H	a as in date	8
θ	theta	Θ	th	9
ι	iota	I	i as in hit or as in machine	10
κ	kappa	K	k	20
λ	lambda	Λ	l	30
μ	mu	M	m	40
ν	nu	N	n	50
ξ	xi	Ξ	x (ks)	60
ο	omicron	O	o as in top	70
π	pi	Π	p	80
ρ	rho	P	r	100
σ(...ς)	sigma	Σ	s	200
τ	tau	T	t	300
υ	upsilon	Y	u as in unite	400
φ	phi	Φ	f	500
χ	chi	X	ch as in the German ach	600
ψ	psi	Ψ	ps	700
ω	omega	Ω	o as in home	800

The NUMERALS are letters of the alphabet above which a horizontal stroke is made, e.g., $\bar{\epsilon} = 5$, $\overline{\iota\delta} = 14$, $\overline{\omega\kappa\alpha} = 821$. In addition, three obsolete letters of the alphabet are used: ς (stigma) = 6, ϙ (koppa) = 90, ϡ (sampi) = 900.

The DIPHTHONGS. Besides the vowel sounds in the alphabetical list, others occur when two vowels come together in the same syllable:

αι	pronounced as eye	ου	pronounced as oo in boot
αυ	pronounced as ou in out	υι	pronounced as we
ει	pronounced as eye	ᾳ	pronounced as a in father
ευ	pronounced as you	ῃ	pronounced as a in date
οι	pronounced as oi in oil	ῳ	pronounced as o in home

(In those few words where the vowels of a possible diphthong are to be pronounced as separate syllables, the diaeresis (··) is used just as in English.)

The BREATHINGS. The presence or absence of the English h sound is indicated for every Greek word which begins with a vowel. This is done by placing over the initial vowel a mark which curves either to the right or to the left: (ʽ) or (ʼ). If the hook is to the right (so that a word could be hung on the hook), the word begins with an h sound and the mark is called a "rough breathing." If the hook is to the left (so that the word could not be hung on it), no h sound is intended and the mark is called a "smooth breathing."

Examples: (see the Exercises or Reader at place indicated[1]).

Smooth breathings: Ἰησοῦς, ἦν, ἄνθρωπος I. 1(1)
Rough breathings: ὁ I. 1(1) οἱ I. 1(3) ἡμῶν I. 12(6)

The ACCENTS are three marks which in New Testament times had distinctive meanings for pronunciation. But as we

---

[1] References to the Exercises are given by section, paragraph, and sentence number, e.g., I. 1(1); references to the Reader are given by page and line number, e.g., (63. 5).

do not know exactly how they were used, we make no distinc-
tion between them. The presence of any one of these three
accents over a syllable in a word, we take to indicate the place
where the stress should fall (such as is done in the first syllable
of the English word bálcony). These accents are:

Acute (')   an upward stroke to right ἐγώ and κύριος I.1(2)
Circumflex (˜) a rounded mark above   ἦν and τῶν I. 1(1)
Grave (ˋ)   an upward stroke to left   πρὸς and τοὺς I. 1(3)

PUNCTUATION. Greek uses the comma and the period
in the same way that they are used in English. It uses one
English mark of punctuation in a very different way—the
English semicolon is the Greek question mark. One new mark
of punctuation is used—the high point, which is a dot above
the line of writing and serves as a semicolon.

Question mark ἔχεις ἀδελφόν; I. 3(4)
Semicolon Ἰησοῦς εἶπεν· I. 1(2)

FORMS WITH TENSES

THE VERB

The VERB is an action word. It makes a statement, asks a question, or gives a command. In Greek as in English grammar, it is the main word in the predicate. He *killed* him. Who *was* he? *Hit* him!

The predicate is that part of a sentence which states what the subject does. The subject is the actor, the doer; the verb is the action, the doing.

In English, the subject is a separate word. John (subject) loves (verb) Mary (object). In Greek, the subject may be a part of the ending of the verb—although it often is a separate word. Besides a variety of subject endings, the Greek verb undergoes other changes, both initially and internally, to indicate tense and mood differences.

TENSE. We say the verb has TENSE. This has nothing to do with tension or peace of mind. Tense tells us two things about the action in the verb:

> 1. It tells time. Tense is a language clock. In English we are used to a present tense: She *talks* to her cat. Here the action takes place in present time, today. We are used to a past tense: She *talked* to her cat. Here the action took place in past time, yesterday. We are used to a future tense: She *will talk* to her cat. Here the action will take place in future time, tomorrow. So also in Greek, there are tenses that express action in:

the present	ὁ κύριος βαπτίζει	I. 7(5)
	the Lord baptizes	

the past	ἐγὼ ἐβάπτισα	I. 8(5)
	I baptized	
the future	ὁ δὲ ʼΙησοῦς βαπτίσει	I. 7(1)
	but Jesus will baptize	

2. Tense also tells what *kind* of action takes place. In both English and Greek, three kinds of action can be expressed:

a continuing action

in the present	She is talking to her cat.
in the past	She was talking to her cat.
in the future	She will be talking to her cat.

a completed action

in the present	She has talked to her cat.
in the past	She had talked to her cat.
in the future	She will have talked to her cat.

a simple action (no indication of whether continuing or completed)

in the present	She talks to her cat.
in the past	She talked to her cat.
in the future	She will talk to her cat.

(Although this scheme indicates a set of nine different English verb forms, Greek does not require that many since some forms express two kinds of action.)

The following examples show how the Greek verb uses both *time* and *kind* of action in its various tenses.

The Greek PRESENT TENSE expresses:
Simple Action *or* Continuing Action in Present Time.
βαπτίζει II. 2(5) can mean either "he baptizes" or "he is baptizing"

The Greek IMPERFECT TENSE expresses:
Continuing Action in Past Time.
ἔλεγε I. 8(4) means "he was saying"

The Greek AORIST TENSE expresses:
Simple Action in Past Time.
ἔδωκεν II. 5(3) means "he gave"

The Greek PERFECT TENSE expresses:
Completed Action in Present Time.
ἐληλύθασι (65.23) means "they have come" (they are come)

The Greek FUTURE TENSE expresses:
Simple Action *or* Continuing Action in Future Time.
βαπτίσει I. 7(6) means either "he will baptize" or "he will be baptizing"

(Completed action in future time is expressed by the Greek Future Perfect Tense, but it is rare enough to be ignored by the beginner. And in spite of its occasional New Testament use, the Greek Pluperfect Tense for expressing completed action in past time will not be used in this course.)

TENSE FORMATION. There are a few basic indicators by which the student can recognize these five tenses for the great bulk of Greek verbs that he will encounter. He will also need to use his knowledge of these indicators in determining under what form he would expect to locate a given verb in the lexicon. Ignoring for this moment the personal or subject ending of the verb, the following outline pictures how the Greek verb shows tense differences:

Present		$\begin{pmatrix} \text{verb} \\ \text{stem} \end{pmatrix}$	
Imperfect	ε +	$\begin{pmatrix} \text{verb} \\ \text{stem} \end{pmatrix}$	
Aorist either	ε +	$\begin{pmatrix} \text{verb} \\ \text{stem} \end{pmatrix}$	+ σ
or	ε +	$\begin{pmatrix} \text{new} \\ \text{verb} \\ \text{stem} \end{pmatrix}$	

$$\text{Perfect} \quad \begin{pmatrix} \text{duplicate} \\ \text{of initial} \\ \text{consonant} \end{pmatrix} + \text{ε} + \begin{pmatrix} \text{verb} \\ \text{stem} \end{pmatrix} + \text{κ}$$

$$\text{Future} \quad \begin{pmatrix} \text{verb} \\ \text{stem} \end{pmatrix} + \text{σ}$$

And if we take the verb πιστεύω "I believe," and enclose the personal endings in parentheses, its forms will look like this:

Present	πιστεύ(ω)	"I believe" or "I am believing"
Imperfect	ἐπίστευ(ον)	"I was believing"
Aorist	ἐπίστευσ(α)	"I believed"
Perfect	πεπίστευκ(α)	"I have believed"
Future	πιστεύσ(ω)	"I shall believe" or "I shall be believing"

The student should familiarize himself thoroughly with this scheme as it is basic to tense differentiation and will apply to 85 per cent of the active indicative verbs used in the Reader. For reference purposes when reading, a Table of Tense Identifiers is provided on page 29 which is more complete and better arranged; suggestions are also provided for identifying forms that do not neatly fit this pattern.

THE VERB Εἰμί. It is necessary to *memorize* the forms of the verb εἰμί "to be" in the Present, Imperfect, and Future. In Greek as in English, it is irregular; and it is used frequently. For example, Section I of the Exercises uses εἰμί in various forms 34 times.

	Present		Imperfect		Future	
	sg.	pl.	sg.	pl.	sg.	pl.
1.	εἰμί	ἐσμέν	ἤμην	ἦμεν	ἔσομαι	ἐσόμεθα
2.	εἶ	ἐστέ	ἦς	ἦτε	ἔσῃ	ἔσεσθε
3.	ἐστί(ν)	εἰσί(ν)	ἦν	ἦσαν	ἔσται	ἔσονται

	Subjunctive		Imperative		Infinitive εἶναι
1.	ὦ	ὦμεν			
2.	ᾖς	ἦτε	ἴσθι	ἔστε	
3.	ᾖ	ὦσι(ν)	ἔστω	ἔστωσαν	

(The Subjunctive, Imperative, and Infinitive forms also listed here for the sake of completeness are not tenses—they are *moods*. The Present, Imperfect, and Future *tenses* given above are of the Indicative mood.)

VOICE. Verbs not only have a tense, they also have a VOICE; and just as we have different voices in music (tenor, bass, etc.) so also verbs are said to have different voices, these being labeled:

in English   Active, Passive
in Greek   Active, Middle, Passive

In English, we say that a verb is in the *Active* Voice when the action begins with the subject and *either* goes through the verb to an object (transitive) *or* dies inside the verb (intransitive).

"He believes nobody"   = He→believes→nobody

"He believes"   = He→believes

In English, we say that a verb is in the *Passive* Voice when the action boomerangs from the verb back upon the subject. A verb in the Passive Voice cannot have a direct object.

"He is believed by nobody"   = He⌣is believed (by
                                                    nobody)
"He is believed"   = He⌣is believed

The Greek language can use verbs in an Active or Passive sense in the same way that English does. In addition, Greek has a *Middle* Voice. However, the beginner will make few mistakes if he translates a Middle form as if it were Passive, since the distinction between them is so faint as to be almost invisible. He should put the Middle Voice away with other deferred items for later study.

The student will identify the Voice of a Greek verb by its ending. The Table of Subject Identifiers (p. 28) lists the various personal endings of verbs. In general, one set of endings is used for the Active Voice and another set for the Middle or Passive Voice. In addition, the Passive forms of the Future and Aorist tenses can be identified by a θη added to the verb stem itself, while the Middle or Passive forms of the Perfect tense lack the κ suffix which is typical of its Active Voice. These indicators are included in the Table of Tense Identifiers.

DEPONENT VERBS. Some Greek verbs are translated, so the lexicon indicates, as if they were Active, even though they are Middle or Passive in form. These verbs, called deponents, lack the forms for the Active Voice. (It is also possible for a verb to be deponent only in some of its tenses.) Several of the most frequently used verbs in the Reader are deponent; for example: ἔρχομαι "I come", ἀποκρίνομαι "I answer," γίνομαι "I become."

PERSON and NUMBER. The Greek verb not only has tense and voice; it also has PERSON and NUMBER. This means that the verb has within itself an indication of its *subject* even though the sentence may also include a separate noun or pronoun subject.

By the form of its ending, the Greek verb indicates the following:

1. whether the subject is one or more than one, i.e., singular or plural.

2. the kind of relationship the subject has to the verb, i.e., whether the subject is or includes the speaker (I, we); whether the subject is the person(s) spoken to (you); or whether the subject is the person(s) or thing(s) spoken about (he, she, it, they).

For example, in Greek we find:

πιστεύω	"I believe"	πιστεύομεν	"we believe"
πιστεύεις	"you (sg.) believe"	πιστεύετε	"you (pl.) believe"
πιστεύει	"he believes"	πιστεύουσι	"they believe"

The Person and Number of a verb form are determined by comparing its ending against the list of endings in the Table of Subject Identifiers. Of course, when the verb form is part of a sentence this identification is often made easier by the presence of a separate noun or pronoun subject.

Forms with Tenses

TABLE OF SUBJECT IDENTIFIERS[1]

ACTIVE ENDINGS (and Aor. Pass.)		MIDDLE OR PASSIVE ENDINGS (except Aor. Pass.)	
α	= I	η	= you (sg.)
ε(ν)	= he, she, it	-μαι	= I
ει	= he, she, it	-μεθα	= we
η	= he, she, it	-μην	= I
-μεν	= we	-νται	= they
-μι	= I	-ντο	= they
-ν	= they *or* I (but ignore ν after ε or -σι)	ου	= you (sg.)
-ς	= you (sg.)	-σαι	= you (sg.)
-σαν	= they (after θη)	-σθε	= you (pl.)
-σι(ν)	= they *or* he, she, it	-ται	= he, she, it
-τε	= you (pl.)	-το	= he, she, it
ω	= I		

the following also occur but are not common

α, ᾳ, η, οι, ου, υ, ω, ῳ   ᾳ, οι, σο, ω, ῳ

      = he, she, it   = you (sg.)

A reverse listing for the commonly used endings

I	(α, -μι, -ν, ω)	I	(-μαι, -μην)
you (sg.)	(-ς)	you (sg.)	(η, ου, -σαι)
he, she, it	(ε(ν), ει, η, σι(ν))	he, she, it	(-ται, -το)
we	(-μεν)	we	(-μεθα)
you (pl.)	(-τε)	you (pl.)	(-σθε)
they	(-ν, -σαν, -σι(ν))	they	(-νται, -ντο)

[1] A hyphen, as used in the above lists, indicates that a vowel or diphthong usually occurs just before the personal ending. (For the subjunctive mood, an η or ω almost always occurs here.)

TABLE OF TENSE IDENTIFIERS

lexicon form (except for personal ending) — Present

ε prefix with	1. no suffix	Imperfect or 2nd Aorist
	2. σ suffix	1st Aorist
	3. κ suffix	Perfect active
	4. θη suffix	Aorist passive
σ suffix with	1. no prefix	Future
	2. ε prefix	1st Aorist
	3. θη suffix (θησ)	Future passive
θη suffix with	1. ε prefix	Aorist passive
	2. σ suffix (θησ)	Future passive
κ suffix		Perfect active

Also has an ε prefix, and, if the verb stem begins with a consonant, that consonant is repeated before the ε.

βεβ, γεγ, δεδ, κεκ, λελ, μεμ, πεπ, σεσ, or τετ initially with

1. no suffix	Perfect middle or passive
2. κ suffix	Perfect active

Additional Notes

1. If an η is found in place of the ε prefix, look for the verb stem to begin with an α or ε.
2. If a ξ or ψ suffix is found in place of the σ, look for the verb stem to end in γ, κ, σκ, σσ, χ; or in π, φ, respectively. The addition of the σ suffix can also cause a ι to disappear from the end of a verb stem.
3. If a verb form appears to begin with a preposition, it is a Compound Verb; any ε prefix or consonant doubling must be looked for *after* this prepositional part of the verb.
4. If you cannot identify the tense of a particular verb form but either know or can guess its lexicon entry, you will find that the Bauer lexicon usually identifies the various tenses for each verb—especially if irregular.
5. If all else fails, consult List of Identified Verb Forms (p. 100).

THE 2nd AORIST. In the preceding Table of Tense Identifiers the terms 1st Aorist and 2nd Aorist are used. These are not different tenses. Rather, they are alternate ways of forming the Aorist Tense. And only observation can determine which one of these two forms a given verb will take. *Some* verbs form the Aorist by the addition of a prefix and a suffix—these forms being called 1st Aorist. There are *other* verbs which form the Aorist by the prefix and a modification of the stem—these forms being called 2nd Aorist. This is comparable to what happens in the English language. Many verbs form their past tense by adding "-ed" to the present, for example, "kill," "killed." But there are others which do it by an internal change, for example, "see," "saw." The 2nd Aorist forms used in the Reader can be found either in the Bauer[1] lexicon or in the List of Identified Verb Forms.

COMPOUND VERBS. Often a verb will be encountered in the Reader which seems to have one of the Greek prepositions as the initial part of its verb stem. This Compound Verb would require no special mention were it not that the regular prefixes which indicate tense differences are placed *between* this preposition and the remaining part of the verb stem. This means the student must recognize the Greek prepositions if he would readily identify tense forms for compound verbs. On page 50 and following, all prepositions used in this course are discussed (except ἀνά which occurs in the Reader only in compound verbs). However, the only ones used in compound verbs for the beginning sections of the Reader are: ἀπό, εἰς, ἐκ, πρός, and σύν. Careful note should also be made of possible spelling changes for prepositions.

VERB IDENTIFICATION. The basic problem for the beginner when he encounters an unknown verb is how to find it in the lexicon—how to move from the form of the verb he

[1] Here as elsewhere in this grammar, we refer to the Bauer lexicon as translated and edited by William F. Arndt and F. Wilbur Gingrich.

sees to its lexicon entry form. For the Bauer lexicon the entry
form of a verb will usually be its present tense stem and per-
sonal ending ω (less frequently -μαι; sometimes -μι). Sample
analyses to illustrate the steps in verb identification now
follow. The verb forms are chosen from the text of the Reader.

1

επιστευσεν	ignore ν after ε
επιστευσε	subtract ε as personal ending
επιστευσ-	subtract σ as 1st aorist tense indicator
επιστευ-	subtract ε as 1st aorist tense indicator
πιστευ-	add ω and look in lexicon
πιστευω	listed in Bauer with a 1st aorist: επιστευσα.

2

ελεγον	subtract ν as personal ending (also connecting vowel)
ελεγ-	subtract ε as imperfect or 2nd aorist tense indicator
λεγ-	add ω and look in lexicon
λεγω	listed in Bauer with an imperfect: ελεγον.

3

ακουσουσι	subtract σι as personal ending (also connecting diphthong)
ακουσ-	subtract σ as future tense indicator
ακου-	add ω and look in lexicon
ακουω	listed in Bauer with a future: ακουσω.

4

ηγαπησεν	ignore ν after ε
ηγαπησε	subtract ε as personal ending
ηγαπησ-	subtract σ as 1st aorist tense indicator
ηγαπη-	subtract ε as 1st aorist tense indicator which has combined with an initial α or ε to form an η
αγαπη- or εγαπη-	add ω and look in lexicon; nearest form given is
αγαπαω	listed in Bauer with a 1st aorist: ηγαπησα.

5

εγραψα	subtract α as personal ending
εγραψ-	subtract σ as 1st aorist tense indicator which has combined with a π or φ in the end of the stem to form ψ
εγραπ- or εγραφ-	subtract ε as 1st aorist tense indicator; add ω
γραφω	listed in Bauer with a 1st aorist; εγραψα.

6

δεδωκεν	ignore ν after ε
δεδωκε	subtract ε as personal ending
δεδωκ-	subtract κ as perfect active tense indicator
δεδω-	subtract repeated consonant and ε as perfect active tense indicators
δω	is given in Bauer with reference to
διδωμι	listed with a perfect active: δεδωκα. If δω is missed in the lexicon, δεδωκε is in List of Identified Verb Forms with reference to διδωμι.

7

ελαβετε	subtract τε as personal ending (also connecting vowel)
ελαβ-	subtract ε as imperfect or 2nd aorist tense indicator
λαβ-	add ω and look in lexicon
λαβω	not listed in Bauer, but
λαβ-	is given with a reference to
λαμβανω	listed with a 2nd aorist: ελαβον. If λαβ- is missed in the lexicon, ελαβετε is in List of Identified Verb Forms with reference to λαμβανω.

8

απεκριθησαν	subtract σαν as personal ending
απεκριθη-	subtract θη as aorist passive tense indicator
απεκρι-	subtract ε as aorist passive tense indicator

απ κρι-	restore ο to prepositional part of compound form
αποκρι-	add ω and look in lexicon
αποκριω	not given in Bauer; nearest form is
αποκρινομαι	listed with an aorist passive: απεκριθην. If the proper entry is missed in the lexicon, απεκριθην is in List of Identified Verb Forms with reference to αποκρινομαι.

9

ειρηκα	subtract α as personal ending
ειρηκ-	subtract κ as perfect active tense indicator
ειρη-	subtract ε as perfect active tense indicator
ιρη-	add ω and look in lexicon
ιρηω	neither this nor anything similar is in Bauer, but
ειρηκα	is given with a reference to
ειπον	listed with a perfect active: ειρηκα. The List of Identified Verb Forms also lists ειρηκα with reference to ειπον.

MOOD. Take a deep breath: the Greek verb not only has tense, voice, person and number; it has a MOOD, it is moody. In English we are familiar with four Moods: Indicative, Subjunctive, Imperative, and Infinitive. In *English* usage:

> the INDICATIVE is used in simple statement and question: "She talked to her cat." "Who is there?"
> the SUBJUNCTIVE expresses wish, intention, possibility: "If it could be done, he would do it."
> the IMPERATIVE expresses commands: "Kill him."
> the INFINITIVE is most commonly used as a verbal noun to complete a verbal phrase: "He likes to eat." "To err is human."

In Greek, the Indicative, Imperative, and Infinitive Moods have uses similar to English. But the uses of the Subjunctive in English give little clue to Greek usage. In Greek, the Subjunctive is most commonly used in subordinate (dependent) clauses; but it is also used for exhortations, deliberative questions, negative commands, and strong denials. (The Optative Mood, infrequent in New Testament usage, occurs in the Reader only in the Pauline expression μὴ γένοιτο whose use and meaning can be found under γίνομαι in the Arndt-Gingrich translation of Bauer.)

MOOD and TENSE. The Subjunctive and Imperative Moods have forms for only the Present and Aorist Tenses. This simplifies verb identification for these moods when compared with the Indicative. For the Infinitive, forms occur in the Perfect Tense in addition to the Present and Aorist. (No use is made of the rare Future Infinitive in this text.)

Furthermore, there is usually no *time* significance to Tense in the Subjunctive, Imperative, or Infinitive Mood. Any distinction between tenses must be looked for in the *kind* of action indicated. Only this latter aspect of Tense finds a general parallel also in Indicative usage. For purposes of translation, it is by the context of neighboring Indicative verb forms that a time aspect is ordinarily given to verb forms in these other moods.

MOOD IDENTIFIERS. With the Indicative as the norm, the identifying features of the Subjunctive, Imperative, and Infinitive are listed below. To identify tense, voice, person, and number, the student will continue to use the tables and techniques previously applied only in the Indicative, but with certain changes to be noted below, under each mood. (Actually, person and number do not apply to the Infinitive; while the Imperative has no forms for the first person; and as already described, only present, aorist, and perfect tenses occur.)

For the SUBJUNCTIVE there is
    1. an η or ω in the verb ending just after the stem and any tense suffix
    2. *no* ε prefix on aorist verb forms.

3. a ἵνα, ἐάν, ἄν (sometimes ὅταν or ὅπως) to introduce the dependent clause. In the Reader, 80 per cent of all Subjunctive forms occur in these dependent clauses.

For the IMPERATIVE there is

1. in the *2nd person singular* usually this set of personal endings:

   ε (pres.a., 2 aor.a.) ου (pres.m./p., 2 aor.m.) ον (1 aor.a.) αι (1 aor.m.) -τι (aor.p.)

2. in the *2nd person plural* an identity of forms with the Indicative (except no ε prefix).

3. in the *3rd person singular and plural* this set of personal endings:

   -τω (sg.) -τωσαν (pl.) (pres.a., aor.a./p.)
   -σθω (sg.) -σθωσαν (pl.) (pres.m./p., aor.m.)

4. *no* ε prefix on aorist verb forms.

5. often a noun of address (vocative) which precedes the verb form just as in English.

For the INFINITIVE there is

1. an ειν or αι (-σαι, -ναι, -σθαι) at the end.

2. a θ to indicate that the form is middle or passive. (By this is meant its presence either in a -σθαι at the end, or in the θη suffix for an aorist passive.)

3. *no* ε prefix on aorist forms.

FORMS WITH CASES

THE NOUN

In Greek as in English, the Noun is a word which is the name of a person, place, or thing; and it can be either singular or plural in form. But in Greek, the matter of the gender and case of a noun is more distinctive than it is for English.

GENDER. In Greek, the form of the noun ending indicates whether its Gender is masculine, feminine, or neuter. (This is true also of any modifiers which go with that noun, such as the definite article or adjectives). In both languages, males are masculine and females are feminine. The difference is that in Greek nonliving things or abstract terms may be either masculine, feminine, or neuter. Thus ἄνθρωπος (man) is masculine; γυνή (woman) is feminine; and πνεῦμα (spirit) is neuter. But "faith," "hope," and "love" are all feminine; "the word" and "the way" are both masculine; and "name" is neuter.

CASE. A noun is in a particular Case depending on its relationship to other words in the sentence; and this is true for both English and Greek.

    1. If the noun is doer of an action we call it the subject of that verb which indicates the action to the reader. That noun, we say in English, is in the Nominative Case:
        "The *man* believes."
(In English, a noun that follows the verb "to be" is also in the Nominative, since it actually denotes something about the subject.)
    2. But if the noun is affected directly by the action of the verb, we call it the object of the verb—either direct or

indirect. That noun, we say in English, is in the OBJEC-
TIVE CASE:

"He believes the *man*." (direct object)

"He gave the *man* a book." (indirect object)

(In English, we say a noun that follows a preposition is the
object of that preposition and is in the Objective Case also.)

3. A third Case is used in English to indicate ownership
and is called the POSSESSIVE CASE:

"He destroyed the *man's* faith."

In English, only the Possessive Case has its own form—the
use of an *apostrophe* and *s* with the noun. However, some of the
pronouns retain different forms for the different English cases:

Nominative	I,	we,	he,	she,	who,	etc.
Possessive	my,	ours,	his,	hers,	whose,	etc.
Objective	me,	us,	him,	her,	whom,	etc.

GREEK CASES. Four Cases are regularly used in Greek:
NOMINATIVE, GENITIVE, DATIVE, and ACCUSATIVE. Associated
with each Case are certain noun endings which vary according
to gender and number. There is a rough general equivalence
between English and Greek Cases as follows:

in English		*in Greek*
Nominative	equals	Nominative
Possessive	equals	Genitive
Objective	equals	Dative (when object is indirect)
		Accusative (when object is direct)

(The English Objective Case used with a preposition may be
expressed in Greek by either Genitive, Dative, or Accusative—
as indicated in the section on Prepositions; the Genitive Case
is also used for the direct object with certain Greek verbs.)

Greek occasionally uses another case, the VOCATIVE, for direct
address. The few forms of this case used in the Reader are:
ἀγαθέ, ἅγιε, γύναι, διδάσκαλε, Ἰησοῦ, κύριε, πάτερ, Πέτρε, and
υἱέ.

THE DEFINITE ARTICLE

The forms of the DEFINITE ARTICLE now follow. Their use-fulness in the identification of *Case* cannot be overstressed. Since a noun and its Article agree in case, gender, and number, the student will often find the Article to be his most easily spotted clue for this information about the nouns in a sentence. The knowledge of the forms of the Article is equally useful when a noun occurs without an Article, since the case endings of a great portion of Greek nouns are practically identical with the Definite Article endings. These relationships apply equally well for many adjective, pronoun, and participle forms. So, memorize the article:

	singular			plural		
	m.	f.	n.	m.	f.	n.
Nominative	ὁ	ἡ	τό	οἱ	αἱ	τά
Genitive	τοῦ	τῆς	τοῦ	τῶν	τῶν	τῶν
Dative	τῷ	τῇ	τῷ	τοῖς	ταῖς	τοῖς
Accusative	τόν	τήν	τό	τούς	τάς	τά

PRONOUNS

In Greek as in English, a PRONOUN is a substitute for a noun and may be used in all the ways a noun is used.

The following words are used so frequently in Greek that the student will need to learn them by heart. Note how the case endings are almost identical with those of the article:

ὅς, ἥ, ὅ, who, which, what, that (relative pronoun)
αὐτός, ἡ, ὁ, he, she, it, they (personal pronoun)
οὗτος, αὕτη, τοῦτο, this, these (demonstrative pronoun)
ἐκεῖνος, η, ο, that, those (demonstrative pronoun)

	singular			plural		
	m.	f.	n.	m.	f.	n.
	ὅς	ἥ	ὅ	οἵ	αἵ	ἅ
N	αὐτός	αὐτή	αὐτό	αὐτοί	αὐταί	αὐτά
O	οὗτος	αὕτη	τοῦτο	οὗτοι	αὗται	ταῦτα
M	ἐκεῖνος	ἐκείνη	ἐκεῖνο	ἐκεῖνοι	ἐκεῖναι	ἐκεῖνα
	οὗ	ἧς	οὗ	ὧν	ὧν	ὧν
G	αὐτοῦ	αὐτῆς	αὐτοῦ	αὐτῶν	αὐτῶν	αὐτῶν
E	τούτου	ταύτης	τούτου	τούτων	τούτων	τούτων
N	ἐκείνου	ἐκείνης	ἐκείνου	ἐκείνων	ἐκείνων	ἐκείνων
	ᾧ	ᾗ	ᾧ	οἷς	αἷς	οἷς
D	αὐτῷ	αὐτῇ	αὐτῷ	αὐτοῖς	αὐταῖς	αὐτοῖς
A	τούτῳ	ταύτῃ	τούτῳ	τούτοις	ταύταις	τούτοις
T	ἐκείνῳ	ἐκείνῃ	ἐκείνῳ	ἐκείνοις	ἐκείναις	ἐκείνοις
	ὅν	ἥν	ὅ	οὕς	ἅς	ἅ
A	αὐτόν	αὐτήν	αὐτό	αὐτούς	αὐτάς	αὐτά
C	τοῦτον	ταύτην	τοῦτο	τούτους	ταύτας	ταῦτα
C	ἐκεῖνον	ἐκείνην	ἐκεῖνο	ἐκείνους	ἐκείνας	ἐκεῖνα

The personal pronouns will also need to be memorized. The first and second person forms will be listed here. (The third person forms have already been given above.)

	singular	plural	singular	plural
Nominative	ἐγώ (I)	ἡμεῖς (we)	σύ (you)	ὑμεῖς (you)
Genitive	ἐμοῦ, μου	ἡμῶν	σοῦ	ὑμῶν
Dative	ἐμοί, μοι	ἡμῖν	σοί	ὑμῖν
Accusative	ἐμέ, με	ἡμᾶς	σέ	ὑμᾶς

THE ADJECTIVE

In Greek as in English, an ADJECTIVE is basically a word that defines or describes a noun or pronoun: The *good* man.

The Greek adjective is like the Greek noun in the fact that it has different endings. These endings, like those of nouns, can vary in case, gender, and number. Usually this ending will be the same as the ending of that noun which the adjective modifies. (It is not uncommon to find Greek adjectives also being used as nouns—just as is done with some English adjectives.)

But Greek has a much more flexible word order than English. In English we know which noun the adjective goes with because it's the closest word; in Greek this is not always so. In Greek, since the adjective is in the same case as the noun it goes with and since the case can be seen in the endings of these words, they don't have to stand right together to go together.

In Greek the ending of the noun "man" in the Nominative Case is -ος. Thus if we want the adjective "good" to go with "man," all we need to do is to write "manos" and "goodos" in various positions:

the good man.   ὁ ἀγαθὸς ἄνθρωπος.
the man the good.   ὁ ἄνθρωπος ὁ ἀγαθός.

(A common Greek substitute for an adjective is a prepositional phrase used with the article:

the man the from Nazareth. ὁ ἄνθρωπος ὁ ἐκ Ναζαρέθ.)

CASE IDENTIFICATION

If the student knows well all the forms of the definite article, he can identify case for two-thirds of the nouns, pronouns, and adjectives encountered in the Reader. These words whose case endings parallel the article comprise the 1st and 2nd declensions in most grammars. By dropping the τ from all article forms, what is left is the set of case endings typical of these declensions. The major exceptions are that ος is the usual masculine ending in the nominative singular (rather than ο) and that sometimes α instead of η occurs in feminine endings. Any other differences are best noted when they occur.

The set of case endings now follows which occurs with the other one-third of the nouns, pronouns, and adjectives in the Reader. Words with these case endings comprise the 3rd declension. The less frequently used endings are placed within parentheses. (Eventually the student may find it more convenient to utilize the present participle of εἰμί to identify 3rd declension case endings rather than this list of isolated endings.)

	singular	plural
Nominative		ες, τα (εις, η)
Genitive	ος (εως, ους)	ων
Dative	ι (ει)	σι(ν)
Accusative	α (ιν, ος)	ας, τα (εις, η)

3RD DECLENSION NOMINATIVES

In the table just given no endings are listed for the Nominative singular. This is because the difference for 3rd declension words between the Nominative and other cases is usually one of stem rather than of ending. For this reason it is sometimes difficult to determine the Nominative singular—and hence the proper lexicon entry—when the form encountered is in one of the other cases. Listed below are 3rd declension nouns used in the Reader likely to cause the student difficulty in this regard. The initial form is the *Genitive* singular; the Nominative singular or lexicon form follows in parentheses.

ἀνδρός	(ἀνήρ)	ποδός	(πούς)
γυναικός	(γυνή)	σαρκός	(σάρξ)
ἐλπίδος	(ἐλπίς)	ὕδατος	(ὕδωρ)
μητρός	(μήτηρ)	φωτός	(φῶς)
νυκτός	(νύξ)	χάριτος	(χάρις)
πατρός	(πατήρ)	ὠτός	(οὖς)

Concerning this difference of form between the Nominative singular and the other cases, most of the 3rd declension nouns used in the Reader can be classified in one of these groups:

1. If τ or δ occurs before the ending, expect nominative singular in ς.

   φωτός (gen. sg.) is from φῶς.
   ἐλπίδι (dat. sg.) is from ἐλπίς.
   πόδας (acc. pl.) is from πούς.

2. If μστ occurs before the ending, expect nominative singular in μα.

πνεύματα (nom. or acc. pl.) is from πνεῦμα.

ὀνομάτων (gen. pl.) is from ὄνομα.

αἵματος (gen. sg.) is from αἷμα.

3. If κ or κτ occurs before the ending, expect nominative singular in ξ.

νυκτί (dat. sg.) is from νύξ.

4. If τ-ρ occurs before the ending, expect nominative singular in τηρ.

πατράσι(ν) (dat. pl.), πατέρες (nom. pl.) are from πατήρ.

5. Some nouns will have a nominative singular which differs little from the stem form used in the other cases.

ἀρχιερέως (gen. sg.) is from ἀρχιερεύς.

πυρί (dat. sg.) is from πῦρ.

SOME COMMON 3RD DECLENSION FORMS

The following words occur so frequently in the Reader a complete listing of their forms is given. Most nouns, pronouns, and adjectives have *either* 3rd declension type endings *or* endings which parallel the definite article. Note the mixed character of the adjective πᾶς and the numeral εἷς as regards case endings.

The interrogative pronoun τίς, τί, who? what? why?

	singular		plural	
	m. f.	n.	m. f.	n.
Nom	τίς	τί	τίνες	τίνα
Gen	τίνος	τίνος	τίνων	τίνων
Dat	τίνι	τίνι	τίσι(ν)	τίσι(ν)
Acc	τίνα	τί	τίνας	τίνα

(The student should not confuse the above with τις, τι, someone, something. This indefinite pronoun has the same forms as the interrogative pronoun but normally is unaccented.)

The adjective πᾶς, πᾶσα, πᾶν, every, each, all

	singular			plural		
	m.	f.	n.	m.	f.	n.
Nom	πᾶς	πᾶσα	πᾶν	πάντες	πᾶσαι	πάντα
Gen	παντός	πάσης	παντός	πάντων	πασῶν	πάντων
Dat	παντί	πάσῃ	παντί	πᾶσι(ν)	πάσαις	πᾶσι(ν)
Acc	πάντα	πᾶσαν	πᾶν	πάντας	πάσας	πάντα

The numeral εἷς, μία, ἕν, one

	m.	f.	n.
Nom	εἷς	μία	ἕν
Gen	ἑνός	μιᾶς	ἑνός
Dat	ἑνί	μιᾷ	ἑνί
Acc	ἕνα	μίαν	ἕν

FORMS WITH TENSE AND CASE

THE PARTICIPLE

The frequent and varied uses of the Greek PARTICIPLE make its understanding essential to any real progress in the learning of New Testament Greek. In both English and Greek the Participle is basically a verbal adjective. But beyond this, there is little gain in attempting to explain the Greek Participle by its English counterpart.

USAGE. As might be expected from the statement just made, the Greek Participle shares some of the characteristics of both verb and adjective. It has tense and voice like a verb; it can have a subject and can take an object; and it can be modified by an adverb or an adverbial phrase. But like an adjective it has case and gender and number; it can take an article before it; and it can modify or even substitute for a noun. For purposes of description—based on Greek usage in the Reader—it is convenient to divide Participles into three groups. This division based on *usage* rather than form is also important for translation. Examples of these three types now follow; also examples of the variety that is possible in the translation of a Participle.

I. The Participle used as a Verbal Adjective
This is the Participle which functions in a sentence as an adjective describing or limiting a noun or pronoun. It usually has the definite article with it and is translated by either an English participle or relative clause.

    1. Σὺ εἶ ὁ υἱὸς τοῦ θεοῦ τοῦ ζῶντος; (76.22)
Are you the son of the *living* God?

44

The Participle ζῶντος is used as an adjective modifying θεοῦ. It is a present tense form; and has a case ending that is genitive singular masculine to agree with θεοῦ. Note also the agreement of the articles.

2. Ἅγιοι οἱ ἄνθρωποι οἱ βλέποντες ἃ βλέπετε. (77.34)
Holy (are) the men *seeing* what you see.
Holy (are) the men *who see* what you see.

The Participle βλέποντες is used as an adjective modifying ἄνθρωποι. It is a present tense form and has as its object a relative clause. Its case ending and article are nominative plural masculine to agree with οἱ ἄνθρωποι.

II. The Participle used as a Verbal Noun

This is the Participle which occurs in a sentence in any position where a noun or pronoun could be used. Like the verbal adjective just described, it usually has the definite article with it. It can be translated by a pronoun and either an English participle or relative clause. (Sometimes it can be translated using only a noun.)

1. Ὁ πιστεύων εἰς ἐμὲ τὰ ἔργα ἃ ἐγὼ ποιῶ ποιήσει. (70.12)
The one believing in me will do the works which I do.
He who believes in me will do the works which I do.
The person who believes in me will do the works which I do.

The Participle πιστεύων is used as the subject of this sentence—ποιήσει being the main verb. It is a present tense form and has an adverbial (prepositional) phrase modifying it. As subject of the sentence, this Participle has a case ending which is nominative. Note also that the article is nominative singular masculine.

2. Δίδοτε δόξαν τῷ ποιοῦντι τοὺς οὐρανοὺς καὶ τὴν γῆν. (65.5)
Give glory *to the one making* the heavens and the earth.
Give glory *to him who makes* the heavens and the earth.

The Participle ποιοῦντι is used as the indirect object of the verb Δίδοτε. Because of this it has a dative case ending which is masculine singular, as has also its article. This Participle is a present tense form which itself has a compound direct object.

3. Εἶπεν οὖν ὁ Ἰησοῦς· νῦν ὑπάγω πρὸς τὸν πέμψαντά με. (87.23)

Then Jesus said, "Now I go to *the one having sent me.*"
Then Jesus said, "Now I go to *the one who sent me.*"
Then Jesus said, "Now I go to *him who sent me.*"

The Participle πέμψαντα is used as the object of the preposition πρός which takes the accusative case. The Participle and its article are accusative singular masculine. Its tense form is aorist and it has the pronoun με for a direct object.

III. The Participle used as a Circumstantial Modifier

This use of the Participle is generally more difficult to grasp than the previous ones; it also admits to more variety in translation. While relating to a noun or pronoun in the sentence—usually the subject—this Participle supplies the circumstance of some action which supplements or qualifies the action of the main verb. It can be translated by an English participle, or by an adverbial clause, or by a conjunctive clause. The adverbial clause is usually introduced by such a word as: when, while, as; the conjunctive clause is connected by: and. This Participle occurs *without* the definite article.

1. Ἐκβαλὼν δὲ πάντας ὁ Πέτρος προσηύξατο. (86.14)

And *having put out* everyone, Peter prayed.
And *when he had put out* everyone, Peter prayed.
And Peter *put out* everyone *and* prayed.

The Participle Ἐκβαλὼν is an aorist form and has a direct object πάντας. It has a nominative singular masculine case ending in agreement with ὁ Πέτρος which is the subject of its action.

2. Ἦλθεν ὁ Ἰησοῦς πρὸς τοὺς μαθητὰς αὐτοῦ περιπατῶν ἐπὶ τὴν θάλασσαν. (83.33)

Jesus came to his disciples, *walking* on the sea.

The Participle περιπατῶν is a present tense form and has an adverbial (prepositional) phrase modifying it. It has a nominative singular masculine case ending in agreement with ὁ 'Ιησοῦς which is the subject of its action.

3. 'Αποκριθεὶς δὲ ὁ 'Ιησοῦς εἶπεν αὐτῷ· ἄφες νῦν. (84.32)
And Jesus *answering* said to him, "Permit it for now."
And Jesus *answered and* said to him, "Permit it for now."
And Jesus *answered* him, "Permit it for now."

The Participle 'Αποκριθεὶς is an aorist passive form. It has a nominative singular masculine case ending in agreement with ὁ 'Ιησοῦς which is the subject of its action. This use of two verbs of "speaking" to introduce a discourse which follows is very common in the New Testament. One of the two verbs is often left untranslated.

TENSE. In the Reader the student will encounter Participles only in the Present, Aorist, and Perfect Tenses. The Imperfect has no Participle and although a Future Participle exists, it is not common in the New Testament. Concerning the relationship between Tense and time, the general statement applies that was made for the Subjunctive, Imperative, and Infinitive. The *kind* of action rather than the *time* of action is all that is inherently indicated by the Tense of a Participle. Whatever time is given a Participle in translation must be given *relative* to the time of the main verb in the sentence. In practice it often works out that a Present Participle translates as time contemporaneous with the main verb while an Aorist Participle translates as time previous to the action of the main verb. However, the sentence or paragraph context is always a large factor in the way a Participle is best translated.

IDENTIFICATION. If the student has learned to use the Table of Tense Identifiers, he should have no difficulty with the tense of Participles. But instead of the subject endings— which also identify voice—of the regular verb, the Participle

has Case endings. These Case endings are most easily identified
by comparing them with the endings of the definite article
and with the endings of the Participle of εἰμί. The forms of the
Present Participle of εἰμί are listed below and the student
should memorize them. Following these is a scheme for identify-
ing the Tense, Case, and Voice of a Participle.

	singular			plural		
	m.	f.	n.	m.	f.	n.
Nom	ὤν	οὖσα	ὄν	ὄντες	οὖσαι	ὄντα
Gen	ὄντος	οὔσης	ὄντος	ὄντων	οὐσῶν	ὄντων
Dat	ὄντι	οὔσῃ	ὄντι	οὖσι(ν)	οὔσαις	οὖσι(ν)
Acc	ὄντα	οὖσαν	ὄν	ὄντας	οὔσας	ὄντα

TO IDENTIFY A PARTICIPLE:

TENSE: Determine Tense by the same set of identifiers used
for the regular verb (except there is no ε prefix on
aorist forms).

CASE: Determine Case by comparison against the Case
endings of the Participle of εἰμί and the Case endings
of the Definite Article; all Participle endings parallel
these two sets of forms.

VOICE: *Active.*   When Case endings parallel the
Case endings of the Participle of
εἰμί.

Middle and/or   When Case endings parallel the
Passive.   Case endings of the Article *and* a
-μεν- occurs just before the Case
ending. (For present and perfect
tense forms, Middle = Passive).

Aorist Passive.   When Case endings parallel the
Case endings of the Participle of
εἰμί, *and* a -θ- occurs just before
the Case ending.

For determining CASE the above scheme is not exact in every instance—chiefly when the comparison involves nominative singular forms. The differences are these:

1. Participle forms which parallel the Case endings of the Definite Article end in

ος   for the nominative singular masculine; and

ον   for the nominative and accusative singular neuter.

2. Participle forms which parallel the Case endings of the Participle of εἰμί end in

-ς   for the nominative singular masculine of aorist and perfect forms, and

ος   for the nominative and accusative singular neuter of perfect forms.

FORMS WITHOUT TENSE OR CASE

PREPOSITIONS

PREPOSITIONS are short words, usually of one or two syllables, which are ordinarily used before nouns or pronouns. Basically they indicate spatial relationships of the noun or pronoun which follows, although figurative or nonspatial meanings have evolved in certain instances.

Many of these same prepositions will also be seen to occur initially in certain verbs—often with some spelling change in the final letters of the preposition. (Spelling change can also take place even when prepositions stand alone as mentioned above. Examples will be given at the end of this section.)

The meaning of a preposition is also related to the suffix (case) which its noun or pronoun has. There are prepositions which have three sets of meanings, depending on whether the noun or pronoun following is in the genitive, dative, or accusative case. So in learning the meaning of prepositions it is important to learn the meaning of that preposition *with* a certain case.

Following is a list of the prepositions encountered in this course. The student should be warned that each can have additional meanings, which can be learned by observing usage (the Reader) or by consulting the Bauer lexicon.

	Case and translation	*Example and reference*
ἀπό	(with genitive) from	ἀπὸ Βηθλεέμ II. 4(3)
ἐκ	(with genitive) out of	ἐκ τοῦ θεοῦ I. 4(3)
πρό	(with genitive) before	πρὸ τοῦ θρόνου (74.5)
ἐν	(with dative) in	ἐν τῷ Ἰορδάνῃ I. 8(3)
σύν	(with dative) with	σὺν αὐτοῖς (70.10)

εἰς (with accusative) into   εἰς τὴν Ναζαρέθ I. 10(1)

διά (with genitive) through   διὰ τοῦ λόγου (68.23)

    (with accusative) because of διὰ τὸν λόγον (68.2)

κατά (with genitive) against   καθ᾽ ἡμῶν (71.1)

    (with accusative) according to κατὰ τὴν πίστιν (70.15)

μετά (with genitive) with   μετὰ τῶν μαθητῶν (66.11)

    (with accusative) after   μετὰ τοὺς λόγους (70.9)

περί (with genitive) concerning   περὶ τούτων (68.22)

    (with accusative) around   περὶ τὸν θρόνον (74.6)

ὑπέρ (with genitive) for   ὑπὲρ ἡμῶν (71.1)

    (with accusative) above   ὑπὲρ τὸν ἀποστείλαντα

                                          (76.36)

ὑπό (with genitive) by (agent)   ὑπὸ τοῦ θεοῦ III. 7(4)

    (with accusative) under   ὑπὸ τὴν ἁμαρτίαν (72.3)

ἐπί (with genitive) over   ἐπὶ πάντων (70.20)

    (with dative) at   ἐπὶ τούτῳ (67.28)

    (with accusative) upon   ἐπὶ τοὺς ᾽Ιουδαίους (66.5)

παρά (with genitive) from   παρὰ τοῦ θεοῦ (65.11)

    (with dative) with   παρὰ τῷ θεῷ (73.1)

    (with accusative) alongside παρὰ τοὺς πόδας (83.8)

πρός (with genitive)   not used in this book

    (with dative)   not used in this book

    (with accusative) to   πρὸς τοὺς ἀνθρώπους I. 1(3)

The following examples illumine (we hope!) many of the pre-
position meanings:

εἰς (with accusative) motion   ἐν (with dative) location
        into

εἰς τὴν οἰκίαν   into the house   ἐν τῇ οἰκίᾳ   in the house

πρό (with genitive) before (location)

ἀπό (with genitive) away from

πρὸ τῆς οἰκίας   before the house

ἀπ' ἐμοῦ   away from me

ἐκ (with genitive) out of, from

σύν (with dative) accompaniment

ὁ ἐκ τοῦ οὐρανοῦ ἐρχόμενος
he who comes from the sky

πᾶσαι αἱ γυναῖκες σὺν ἐμοί
all the women with me

πρός (with accusative) motion toward

διά (with genitive) through

πρὸς τὴν οἰκίαν   to the house

διὰ τῆς οἰκίας   through the house

ἐπί (with accusative) upon   παρά (with accusative) by,
                                       alongside

ἐπὶ τὴν οἰκίαν   upon the house   παρὰ τὴν οἰκίαν   by the house
(motion upon—such as walking)

ὑπό (with accusative) under   μετά (with genitive) with
                                       (among)

ὑπὸ τὴν οἰκίαν   under the house   μετὰ τῶν ἀνθρώπων ἐν
                                   Ἰερουσαλήμ   with the men in
                                       Jerusalem

It was indicated earlier in this section that spelling changes
may occur to alter the regular form of a preposition. The
following list will include most of them likely to be encountered.
Before a vowel:

ἀπό	becomes ἀπ'		μετά	becomes μετ'
διά	becomes δι'		παρά	becomes παρ'
ἐπί	becomes ἐπ'		ὑπό	becomes ὑπ'
κατά	becomes κατ'		ἐκ	becomes ἐξ

And if the vowel is one with the rough breathing:

ἀπ'	becomes ἀφ'		μετ'	becomes μεθ'
ἐπ'	becomes ἐφ'		ὑπ'	becomes ὑφ'
κατ'	becomes καθ'			

Before some consonants certain prepositions may undergo change:

before γ, κ, χ	ἐν becomes ἐγ	σύν becomes σύγ
before π, β, φ	ἐν becomes ἐμ	σύν becomes σύμ
before σ, ζ	ἐν becomes ἐσ	σύν becomes σύσ
before λ	ἐν becomes ἐλ	σύν becomes σύλ

These spelling changes are important for the beginner to note when he is trying to locate an unfamiliar compound verb in the lexicon. For example, the proper lexicon entry

is *not* ἀποέρχομαι	but	ἀπέρχομαι
is *not* διαέρχομαι	but	διέρχομαι
is *not* ἐκέρχομαι	but	ἐξέρχομαι
is *not* συνπορεύομαι	but	συμπορεύομαι.

ADVERBS

As in English, the ADVERB goes with the verb and answers the questions, How? When? Where? How much? etc. Also as in English, a prepositional phrase is sometimes used as a substitute.

CONJUNCTIONS

As in English, in Greek CONJUNCTIONS are connecting or linking words. Some of the commonest with their English equivalents are:

καί	and	εἰ	if
ἀλλά	but	ἐάν	if
γάρ	for	ἵνα	in order that
δέ	but, and	ὅτι	that
ὡς	as	ὅτε	when
ἤ	or	οὖν	therefore

(Note that γάρ, δέ, and οὖν cannot stand first in a clause; and that when καί is not in first position it can mean "also" or "even.")

PARTICLES

In Greek there are a few short words that are not directly translated. For some, their force is so slight that translation is difficult if not impossible; for others, their presence affects the translation of other words in the sentence. The beginner can defer mastery of these to a later stage of study. Some of the most common are: μέν, τε, ἄν. (ἄν when related to a verb, gives the verb a conditional meaning; when related to a pronoun or conjunction, usually generalizes the meaning and is translated "ever.")

NEGATIVES

Greek has two separate words which serve as the equivalent of the English negative adverb, "not": οὐ, and μή. For statements in the Indicative Mood οὐ is the word which is used; for the Subjunctive, Imperative, Participle, and Infinitive, μή is used.

In questions, these two negatives are used in a way which indicates the kind of answer that is expected: with οὐ the answer expected is "yes"; with μή the answer expected is "no."

Οὐ βαπτίζεις; "You baptize, don't you?"
Μὴ βαπτίζεις; "You don't baptize, do you?"

(οὐ becomes οὐκ before a word beginning with a vowel which has a smooth breathing, and οὐχ before one beginning with a vowel which has a rough breathing. Sometimes an intensive form of οὐ occurs, οὐχί.)

SYNTAX

In this section are described and illustrated certain Greek sentence constructions which differ enough from English to require special mention.

THE GENITIVE ABSOLUTE. This is a clause consisting of a participle in the genitive case which has a noun or pronoun subject in the genitive case also. It usually stands at the beginning of a sentence and is translated as if it were a circumstantial modifier. But because it does have a subject of its own, the Genitive Absolute is grammatically independent of the rest of the sentence.

Λεγόντων Πέτρου καὶ ᾿Ιωάνου, εἰσῆλθε πᾶς ὁ λαὸς πρὸς αὐτούς. (75.1)

While Peter and John were speaking, all the people came in to them.

Νυκτὸς δὲ γενομένης, ἦν τὸ πλοῖον ἐν μέσῳ τῆς θαλάσσης. (94.16)

And when night came, the boat was in the middle of the sea.

THE INFINITIVE WITH ARTICLE. This combination of the Definite Article and Infinitive functions as a noun equivalent. Expect to find it used in a sentence wherever a noun could be used. The way it should be translated depends almost entirely on its relationship to the rest of the sentence.

Κύριε, ἔρχου πρὸ τοῦ ἀποθανεῖν τὸν υἱόν μου. (80.11)
Lord, come before my son dies.

Καὶ προσέρχεται πρὸς τὸν ᾿Ιωάνην τοῦ βαπτισθῆναι ὑπ᾿ αὐτοῦ. (84.30)

And he comes to John, to be baptized by him.

THE ARTICLE AS A PRONOUN. The Definite Article can be used as a pronoun before δέ or μέν. This usage is not difficult to identify since it occurs at the beginning of a sentence or clause.

῾Ο δὲ εἶπεν· ἰδοὺ ἐγώ, κύριε. (79.8)
And he said, "Here I am, Lord."

῾Η δὲ ἀπεκρίθη μοι· ᾿Ελάλησα περὶ τῶν ἁμαρτιῶν σου πρὸς τὸν βασιλέα τῶν οὐρανῶν. (79.24)

And she answered me, "I have spoken concerning your sins, to the king of the heavens."

EXERCISES

SECTION I

1(1) Ἰησοῦς ἦν ἄνθρωπος, καὶ Ἰησοῦς γίνεται ὁ κύριος τῶν ἀνθρώπων. (2) Ἰησοῦς εἶπεν· ἐγώ εἰμι ὁ κύριος τοῦ ἀνθρώπου. (3) Ἐγὼ ἔρχομαι πρὸς τοὺς ἀνθρώπους, καὶ οἱ ἄνθρωποι γίνονται ἀδελφοί. (4) Καὶ ὁ Ἰησοῦς ἐγένετο ὁ κύριος τῶν ἀνθρώπων.

2(1) Ὁ Ἰησοῦς οὐκ ἦλθε πρὸς Ναζαρέθ· ἦλθεν ἐκ Ναζαρέθ. (2) Καὶ οἱ ἀδελφοὶ ἤρχοντο πρὸς τὸν Ἰησοῦν, καὶ εἶπον αὐτῷ· ἐρχόμεθα ἐξ Ἰερουσαλήμ. (3) Οἱ ἀδελφοὶ οὐκ ἔρχονται ἐκ Ναζαρέθ. (4) Ὁ δὲ Ἰησοῦς ἦλθεν ἐκ Ναζαρέθ πρὸς Ἰερουσαλήμ.

3(1) Οἱ ἄνθρωποι ἐκ Ναζαρὲθ οὐκ ἦσαν ἀδελφοί. (2) Καὶ οἱ ἄνθρωποι ἦλθον πρὸς τὸν Ἰησοῦν, καὶ εἶπον· ἔχομεν θεὸν καὶ κύριον. (3) Ὁ δὲ Ἰησοῦς εἶπεν· ἐγὼ ἔχω θεόν. (4) Καὶ οἱ ἄνθρωποι εἶπον αὐτῷ· ἔχεις ἀδελφόν; (5) Αὐτὸς δὲ εἶπεν· ἐγὼ οὐκ ἔχω ἀδελφούς· ἔσχον ἀδελφούς, οὐ δὲ ἔχω ἀδελφούς.

4(1) Ὁ Ἰησοῦς ἦν ὁ κύριος. (2) Καὶ αὐτὸς εἶπεν αὐτοῖς· ἐγὼ ἔρχομαι πρὸς τοὺς ἀνθρώπους. (3) Αὐτοὶ εἶπον αὐτῷ· ἔχομεν ἀδελφόν, καὶ ὁ ἀδελφὸς ἦλθεν ἐκ τοῦ θεοῦ.

5(1) Ὁ θεὸς ποιεῖ τοὺς ἀνθρώπους, καὶ ὁ θεός ἐστιν ὁ κύριος τῶν ἀνθρώπων. (2) Οἱ ἄνθρωποι ἔσονται ἀδελφοί, καὶ ὁ θεὸς αὐτῶν ἔσται ὁ κύριος αὐτῶν. (3) Ὁ θεὸς ἐποίησε τοὺς ἀνθρώπους· οἱ ἄνθρωποι οὐκ ἐποίησαν τὸν θεόν. (4) Ἰησοῦς ἦν πρὸς τὸν θεόν, καὶ ἦλθε τοῖς ἀνθρώποις.

6(1) Ἰωάνης ἄνθρωπος ἦν. (2) Ἰωάνης οὐκ ἦν ὁ κύριος· Ἰησοῦς δὲ ἦν ὁ κύριος. (3) Καὶ οἱ ἄνθρωποι λέγουσι τῷ Ἰωάνῃ· τίς εἶ; (4) Καὶ Ἰωάνης λέγει· ἐγώ εἰμι ἄνθρωπος· οὐκ εἰμὶ ὁ κύριος. (5) Τίς ἐστιν ὁ κύριος; Ἰησοῦς ἐκ Ναζαρέθ. (6) Καὶ οἱ ἄνθρωποι λέγουσι τῷ Ἰωάνῃ· Ἠλίας εἶ; (7) Καὶ αὐτὸς εἶπεν· οὐκ εἰμί· ἐγώ εἰμι Ἰωάνης ὁ βαπτιστής. (8) Ἐγὼ βαπτίζω τοὺς ἀνθρώπους.

7(1) Ὁ δὲ Ἰησοῦς βαπτίσει τοὺς ἀνθρώπους ἐν πνεύματι· Ἰωάνης οὐ βαπτίζει ἐν πνεύματι. (2) Καὶ ὁ θεὸς πνεῦμα ἐστίν. (3) Τίς ἐστι πνεῦμα; ὁ θεός. (4) Τίς βαπτίζει ἐν πνεύματι; Ἰωάνης; Οὔ. (5) Ὁ κύριος βαπτίζει τοὺς ἀνθρώπους ἐν πνεύματι. (6) Ὁ θεὸς λέγει τοῖς ἀνθρώποις· ὁ κύριος Ἰησοῦς βαπτίσει ἐν πνεύματι.

8(1) Ἰωάνης ὁ βαπτιστὴς ἐν Ἰερουσαλὴμ ἦν καὶ ἐβάπτιζεν. (2) Καὶ ὁ κύριος Ἰησοῦς ἐγένετο ἄνθρωπος καὶ ἦλθεν ἐκ Ναζαρὲθ πρὸς τὸν Ἰωάνην. (3) Καὶ Ἰωάνης ὁ βαπτιστὴς ἐβάπτισε τὸν Ἰησοῦν ἐν τῷ Ἰορδάνῃ. (4) Καὶ Ἰωάνης ἔλεγε τοῖς ἀνθρώποις· ἔρχεται ὁ κύριος. (5) Ἐγὼ ἐβάπτισα τοὺς ἀνθρώπους· αὐτὸς δὲ βαπτίσει τοὺς ἀνθρώπους ἐν πνεύματι.

9(1) Ἐγώ εἰμι τὸ ἄλφα καὶ τὸ Ω, λέγει κύριος ὁ θεός. (2) Ἐγώ εἰμι τὸ πνεῦμα· καὶ ἔρχομαι πρὸς τὸν ἄνθρωπον. (3) Οἱ ἀδελφοὶ ἔχουσι τὸ πνεῦμα.

10(1) Καὶ ὁ Ἰησοῦς ἐβαπτίσθη, καὶ ἦλθεν ἐκ τοῦ Ἰορδάνου εἰς τὴν Ναζαρέθ. (2) Καὶ Ἰησοῦς ἦν ἐν Ναζαρὲθ πρὸς τοὺς ἀδελφοὺς αὐτοῦ. (3) Οἱ ἀδελφοὶ οὐκ ἐγένοντο κύριοι, Ἰησοῦς δὲ κύριος ἐγένετο.

11(1) Ὁ θεὸς ἐποίησε τὸν ἄνθρωπον ἐκ πνεύματος· τὸ πνεῦμα δὲ οὐκ ἦν θεός. (2) Ὁ κύριος ἐβάπτισε τὸν ἄνθρωπον ἐν πνεύματι. (3) Ἄνθρωπος οὐκ ἔστι θεός. (4) Γίνεται δὲ ἄνθρωπος θεός; Οὔ. (5) Ἄνθρωπος οὐ γίνεται θεὸς καὶ οὐκ ἐγένετο θεός. (6) Ὁ δὲ Ἰησοῦς ἐγένετο κύριος καὶ θεός.

12(1) Ἰησοῦς οὐκ ἦν ὁ βαπτιστής, καὶ οὐκ ἦν ἀδελφὸς Ἰωάνου τοῦ βαπτιστοῦ. (2) Ἰωάνης δὲ ἐβάπτισε τὸν Ἰησοῦν. (3) Ἰωάνης ἦλθεν ἐκ τοῦ θεοῦ καὶ Ἰησοῦς ἦλθεν ἐκ τοῦ θεοῦ. (4) Ἰησοῦς δὲ βαπτίζει ἐν πνεύματι. (5) Ἄνθρωπος οὐ βαπτίζει ἄνθρωπον ἐν πνεύματι· καὶ κύριος κύριον οὐ βαπτίζει. (6) Τὸ δὲ πνεῦμα ἐκ τοῦ θεοῦ ἔρχεται, καὶ ὁ κύριος ἡμῶν βαπτίσει ἐν αὐτῷ.

13(1) Ἰησοῦς εἶπεν· ἐγὼ ἔρχομαι πρὸς τοὺς ἀνθρώπους. (2) Καὶ αὐτὸς ἦλθε πρὸς τοὺς ἀνθρώπους. (3) Καὶ Ἰησοῦς εἶπεν· τὸ πνεῦμα ἐλεύσεται πρὸς τοὺς ἀδελφούς. (4) Καὶ αὐτὸ ἦλθε πρὸς τοὺς ἀδελφούς.

14(1) Ἡμεῖς οἱ ἀδελφοὶ ἔχομεν κύριον, τὸν Ἰησοῦν. (2) Ὁ δὲ Ἰησοῦς ἔχει ἡμᾶς, τοὺς ἀδελφούς. (3) Ἡμεῖς ἐσμεν οἱ ἀδελφοὶ αὐτοῦ· αὐτός ἐστιν ὁ κύριος ἡμῶν. (4) Καὶ ἐγὼ λέγω· αὐτός ἐστιν ὁ κύριός μου, καὶ ἦλθε πρὸς ἐμέ.

15(1) Τίνες εἰσὶν οἱ ἀδελφοί; Ἡμεῖς. (2) Τίς ἐστιν ὁ κύριος; Ἰησοῦς. (3) Τίνι ἦλθεν; Ἐμοί. (4) Ἰωάνης ἐβάπτισε τίνα; Τὸν Ἰησοῦν. (5) Τίνων ἐστὶν ὁ κύριος; Ἡμῶν. (6) Εἰς τί ἦλθεν ὁ κύριος;

SECTION II

1(1) Οἱ μαθηταὶ τοῦ Ἰησοῦ ἄνθρωποι ἦσαν. (2) Τίνες ἦσαν οἱ μαθηταὶ αὐτοῦ; (3) Σίμων Πέτρος καὶ Ἀνδρέας ὁ ἀδελφὸς αὐτοῦ· Ἰάκωβος ὁ υἱὸς τοῦ Ζεβεδαίου, καὶ Ἰωάνης ὁ ἀδελφὸς αὐτοῦ· Φίλιππος, καὶ Βαρθολομαῖος· Θωμᾶς, καὶ Ματθαῖος· Ἰάκωβος ὁ υἱὸς τοῦ Ἀλφαίου, καὶ Θαδδαῖος· Σίμων ὁ Κανανίτης, καὶ Ἰούδας Ἰσκαριώτης. (4) Οὗτοί εἰσιν οἱ μαθηταί. (5) Ὁ Ἰησοῦς δίδωσιν αὐτοῖς τὸ πνεῦμα τοῦ θεοῦ.

2(1) Καὶ Ἰησοῦς ἦν ἐν Ἰερουσαλήμ. (2) Καὶ αὐτὸς εἶπεν· ἐγώ εἰμι ὁ υἱὸς τοῦ ἀνθρώπου· καὶ οἱ ἄνθρωποι οὐκ ἀκούσουσί με. (3) Οἱ δὲ μαθηταί μου ἀκούσουσί με. (4) Ὁ χριστός ἐστιν ὁ υἱὸς τοῦ θεοῦ, καὶ τὸ πνεῦμα τοῦ θεοῦ ἐν τῷ χριστῷ. (5) Ὁ δὲ χριστὸς βαπτίζει ἐν πνεύματι. (6) Ταῦτα δὲ ἔλεγε τοῖς ἀνθρώποις ἐν Ἰερουσαλήμ.

3(1) Καὶ οἱ ἄνθρωποι εἶπον· τίς ἐστιν ὁ χριστός; (2) Ἰωάνης δὲ εἶπεν· Ἰησοῦς ὁ υἱὸς τοῦ Ἰωσὴφ καὶ ὁ υἱὸς τοῦ θεοῦ. (3) Αὐτός ἐστιν ὁ χριστός, ὅτι Ἰησοῦς ἔδωκε τὸ πνεῦμα. (4) Ἰωάνης οὐ δίδωσι τὸ πνεῦμα· Ἰησοῦς δὲ ἔδωκε τὸ πνεῦμα τοῖς μαθηταῖς αὐτοῦ.

4(1) Οἱ δὲ ἄνθρωποι εἶπον· οὐκ οὗτος ἔρχεται ἐκ Ναζαρέθ; (2) Μὴ γὰρ ἐκ τῆς Γαλιλαίας ὁ χριστός ἔρχεται; (3) Ἀπὸ Βηθλεὲμ γὰρ ἔρχεται ὁ χριστός. (4) Λέγει Νικόδημος πρὸς αὐτούς· οὐκ οὗτός ἐστιν ὁ χριστός; (5) Οἱ δὲ ἄνθρωποι εἶπον αὐτῷ· μὴ σὺ ἐκ τῆς Γαλιλαίας εἶ; (6) Ἐκ τῆς Γαλιλαίας ὁ χριστὸς οὐκ ἔρχεται.

5(1) Καὶ ὁ κύριος εἶπε τοῖς μαθηταῖς αὐτοῦ· ἀμὴν δὲ λέγω ὑμῖν ὅτι οἱ ἄνθρωποι οὐκ ἤκουσάν με· αὐτοὶ γὰρ οὐκ εἰσὶν οἱ μαθηταί μου. (2) Ὑμῖν δὲ ἐδόθη τὸ πνεῦμα. (3) Ὑμεῖς ἐστε υἱοὶ τοῦ θεοῦ, καὶ ὁ θεὸς ἔδωκεν ὑμῖν τὸ πνεῦμα αὐτοῦ. (4) Αὐτὸς δὲ οὐκ ἔδωκε τοῖς ἀνθρώποις τὸ πνεῦμα.

6(1) Καὶ ὁ Ἰησοῦς ἔλεγε τοῖς μαθηταῖς αὐτοῦ· ἀμὴν δὲ λέγω ὑμῖν· ἐγώ εἰμι ὁ κύριος ὑμῶν· ὑμεῖς ἐστε οἱ μαθηταί μου. (2) Ὑμῖν ἔδωκα τὸ πνεῦμα τοῦ θεοῦ. (3) Τίς ἐστιν ὁ ἀδελφὸς τοῦ κυρίου; (4) Οὗτός ἐστιν ὁ ἀδελφὸς αὐτοῦ, ὁ μαθητὴς αὐτοῦ. (5) Τούτῳ ὁ θεὸς ἔδωκε τὸ πνεῦμα. (6) Αὐτὸς γὰρ οὐκ ἔδωκε τοῦτο τοῖς ἀνθρώποις. (7) Οἱ μαθηταὶ γὰρ ἔχουσι τὸ πνεῦμα· τούτοις ὁ θεὸς δέδωκε τὸν υἱὸν αὐτοῦ.

7(1) Ἰάκωβος μαθητὴς θεοῦ καὶ κυρίου Ἰησοῦ Χριστοῦ εἶπεν· ἀκούσατε, ἀδελφοί μου· Ἰησοῦς ἦλθεν ἡμῖν ἀπὸ τοῦ θεοῦ. (2) Ὁ γὰρ Ἰησοῦς εἶπεν· ἐγώ εἰμι ὁ χριστός. (3) Οὗτός ἐστιν ὁ κύριός μου. (4) Οὗτος ἦλθεν ἀπὸ τοῦ θεοῦ.

8(1) Ὁ χριστὸς ἤρχετο πρὸς τοὺς υἱοὺς τῶν ἀνθρώπων. (2) Καί τινες τῶν ἀνθρώπων ἐγένοντο μαθηταὶ αὐτοῦ. (3) Καὶ οὗτοι οἱ μαθηταὶ αὐτὸν ἤκουσαν. (4) Τούτοις δὲ ὁ χριστὸς ἔδωκε τὸ πνεῦμα.

9(1) Καὶ ἄνθρωπός τις ἔρχεται εἰς τὸν Ἰωάνην, καὶ ὁ ἄνθρωπος λέγει αὐτῷ· ἔρχῃ ἀπὸ τοῦ θεοῦ; (2) Δίδωσι γὰρ τὸν χριστὸν αὐτοῦ τοῖς ἀνθρώποις. (3) Ἐγὼ ἄνθρωπός εἰμι, καὶ ἔσομαι μαθητής σου· δός μοι τὸ πνεῦμα. (4) Ὁ δὲ Ἰωάνης εἶπεν αὐτῷ· ἀπὸ τοῦ θεοῦ ἦλθον, τὸ δὲ πνεῦμα οὐ δίδωμι. (5) Ὁ υἱὸς τοῦ θεοῦ, ὁ χριστὸς αὐτοῦ, δώσει τὸ πνεῦμα.

10(1) Καὶ ὁ ἄνθρωπος εἶπεν· τίς ἐστιν ὁ χριστός; (2) Καὶ Ἰωάνης λέγει· ἔστιν ὁ κύριός μου, Ἰησοῦς ἀπὸ Ναζαρέθ· ἄκουε αὐτόν. (3) Καὶ ὁ ἄνθρωπος εἶπεν· ἐγὼ ἀκούσω αὐτόν, καὶ αὐτὸς βαπτίσει με ἐν τῷ πνεύματι.

SECTION III

1(1) Ὁ Ἰησοῦς ἦλθεν ἐκ τοῦ οὐρανοῦ εἰς τὴν γῆν. (2) Ἰωάνης ἦλθεν ἐκ τῆς γῆς εἰς τὴν γῆν. (3) Ὁ θεός ἐστιν ἐν τοῖς οὐρανοῖς, ὡς ὁ Ἰησοῦς εἶπεν· πάτερ ἡμῶν ὁ ἐν τοῖς οὐρανοῖς. (4) Καὶ εἶπεν· ὁ πατὴρ ὑμῶν ὁ ἐν τοῖς οὐρανοῖς ἐστιν. (5) Ὁ θεὸς ἦν ὁ πατὴρ τοῦ Ἰησοῦ.

2(1) Ἰησοῦς ἦν ἀπὸ Ναζαρὲθ ἐν τῇ γῇ τῆς Γαλιλαίας. (2) Ὁ δὲ Ἰησοῦς ἔρχεται εἰς Ἰερουσαλήμ, καὶ ἡ μήτηρ αὐτοῦ καὶ οἱ ἀδελφοὶ αὐτοῦ ἔρχονται πρὸς αὐτόν. (3) Καὶ αὐτὸς εἶπεν· τίς ἐστιν ἡ μήτηρ μου καὶ τίνες εἰσὶν οἱ ἀδελφοί μου; (4) Ὁ μαθητής μου μήτηρ καὶ ἀδελφός μού ἐστιν.

3(1) Ὁ υἱὸς τοῦ ἀνθρώπου οὐκ ἔστιν ἐκ τῆς γῆς. (2) Πᾶς δὲ μαθητὴς αὐτοῦ ἐστιν ἐκ τῆς γῆς· καὶ ὁ πατὴρ δώσει τὸ πνεῦμα παντὶ μαθητῇ. (3) Ὁ πατὴρ δέδωκε πάντα τῷ υἱῷ αὐτοῦ.

4(1) Οἱ μαθηταὶ πιστεύουσιν εἰς τὸν Ἰησοῦν. (2) Ὡς δὲ ὁ Ἰησοῦς ἦν ἐν Ἰερουσαλήμ, οἱ Ἰουδαῖοι ἐπίστευσαν εἰς αὐτόν. (3) Αὐτὸς δὲ Ἰησοῦς ἐγίνωσκε τί ἦν ἐν τῷ ἀνθρώπῳ. (4) Ὡς δὲ ἔρχεται ὁ κύριος ἐν πάσῃ τῇ δόξᾳ αὐτοῦ, πιστεύσουσι πάντες ἄνθρωποι. (5) Καὶ ὁ θεὸς δώσει δόξαν παντὶ ἀνθρώπῳ ὃς ἐβαπτίσθη.

5(1) Ἰησοῦς ἤρχετο διὰ τῆς Σαμαρείας εἰς τὴν Ἰερουσαλήμ. (2) Καὶ ἦν ἐν Ἰερουσαλὴμ ἄνθρωπός τις ὃς οὐκ ἔσχε πατέρα οὐ δὲ μητέρα. (3) Καὶ οὗτος ὁ ἄνθρωπος, Μελχισέδεκ, ἔρχεται πρὸς τὸν κύριον καὶ ἐπίστευσεν. (4) Καὶ εἶπε τοῖς Ἰουδαίοις· οὐκ οὗτός ἐστιν ὁ χριστός;

6(1) Καὶ οἱ Ἰουδαῖοι οἱ οὐκ ἐπίστευον εἰς αὐτὸν ἤκουον τοὺς λόγους τοῦ Ἰησοῦ· ἀλλὰ οὐκ ἐγίνωσκον αὐτόν, τὸν υἱὸν τοῦ θεοῦ. (2) Καὶ ἤκουσεν ὁ Ἡρῴδης τὸν λόγον Ἰησοῦ καὶ εἶπε τῇ μητρὶ αὐτοῦ· οὗτός ἐστιν Ἰωάνης ὁ βαπτιστής, αὐτὸς γὰρ ἦλθεν ἐκ τοῦ οὐρανοῦ. (3) Ἦλθεν Ἰωάνης ὁ βαπτιστὴς εἰς τὴν γῆν τῶν Ἰουδαίων· καὶ ἤρχετο πρὸς αὐτὸν πᾶσα ἡ Ἰουδαία. (4) Καὶ ἐβαπτίζοντο ὑπ᾽ αὐτοῦ ἐν τῷ Ἰορδάνῃ οἱ Ἱεροσολυμῖται πάντες.

7(1) Καὶ ὁ Ἰησοῦς εἶπε τοῖς μαθηταῖς αὐτοῦ· λαμβάνετε τὸ πνεῦμα. (2) Ἐγὼ ἔρχομαι εἰς τὸν οὐρανόν, εἰς τὸν πατέρα μου καὶ εἰς τὸν πατέρα ὑμῶν. (3) Καὶ ἐγὼ λαμβάνω δόξαν ἀπὸ τοῦ πατρός μου· οὐ λαμβάνω δόξαν ἀπὸ ἀνθρώπων. (4) Ἡ δόξα μού ἐστιν ἐν τοῖς οὐρανοῖς καὶ ἐδόθη μοι ὑπὸ τοῦ θεοῦ. (5) Ἐγὼ ἔχω τὴν δόξαν ἣν ὁ πατὴρ δίδωσιν.

8(1) Οἱ Ἰουδαῖοι οὐκ ἔλαβον τὸν υἱὸν τοῦ θεοῦ ὃς ἦλθε πρὸς αὐτούς. (2) Αὐτὸς δὲ ἦλθεν εἰς τὴν γῆν τῶν Ἰουδαίων, ἀλλὰ οὐκ ἐπίστευσαν εἰς αὐτόν. (3) Ἰησοῦς ἦν ὁ λόγος· καὶ ὁ λόγος ἦν πρὸς τὸν θεόν· καὶ θεὸς ἦν ὁ λόγος. (4) Ἀλλὰ οἱ Ἰουδαῖοι οὐκ ἔλαβον τὸν λόγον.

9(1) Καὶ ἐγὼ δώσω δόξαν τοῖς μαθηταῖς μου οἳ πιστεύουσιν εἰς ἐμέ. (2) Οἱ λόγοι οὓς ἐγὼ λέγω, εἰσὶν οἱ λόγοι τοῦ θεοῦ. (3) Ἤκουσα αὐτοὺς ἀπὸ τοῦ πατρός μου ὡς ἤμην πρὸς αὐτὸν ἐν τοῖς οὐρανοῖς. (4) Ὑμεῖς οἱ μαθηταί μου ἠκούσατε τοὺς λόγους μου καὶ ἐπιστεύσατε εἰς τὸν πατέρα τὸν ἐν τοῖς οὐρανοῖς. (5) Ἀλλὰ οἱ Ἰουδαῖοι οὐκ ἐπίστευσαν εἰς ἐμέ· αὐτοὶ γὰρ οὐ γινώσκουσι τὸν πατέρα μου. (6) Ἐκ τῆς γῆς εἰσι καὶ ἐκ τῆς γῆς λέγουσιν· καὶ τὴν δόξαν τοῦ θεοῦ οὐκ ἔχουσιν.

THE READER

SECTION I

Καὶ ὁ Ἰησοῦς λαλεῖ τοῖς μαθηταῖς αὐτοῦ· ὑμεῖς οὐκ ἀκούετε τοῦ πατρός μου. Ὁ πατήρ μού ἐστιν ὁ θεὸς τοῦ Ἰσραήλ, ὁ ποιῶν τοὺς οὐρανοὺς καὶ τὴν γῆν. Ἐγώ εἰμι ὁ υἱὸς τοῦ ποιοῦντος τοὺς οὐρανοὺς καὶ τὴν γῆν. Δίδοτε δόξαν τῷ ποιοῦντι τοὺς οὐρανοὺς 5 καὶ τὴν γῆν. Γινώσκετε γὰρ τὸν ποιοῦντα τοὺς οὐρανοὺς καὶ τὴν γῆν. Καὶ ἔλεγεν· ὁ ἔχων ὦτα ἀκούειν ἀκουέτω.

Καὶ ὁ Ἰησοῦς λέγει αὐτοῖς· ἀκούετε καὶ πιστεύετε. Πᾶς ὁ πιστεύων ἔρχεται πρός με, τὸν υἱὸν τοῦ ἀνθρώπου, καὶ μαθητής μου ἔσται. Πᾶς μαθητὴς ὃς ἔρχεται πρός με ἔχει τὸ πνεῦμα τοῦ 10 θεοῦ. Τὸ πνεῦμα λαλήσει πάντα ἃ ἀκούει παρὰ τοῦ θεοῦ. Καὶ ὁ Ἰησοῦς ἔλεγεν· ὃς ἔχει ὦτα ἀκούειν ἀκουέτω.

Καὶ ὁ λόγος ἐγένετο ἄνθρωπος. Καὶ ὁ θεὸς εἶπεν ἐκείνῳ· υἱός μου εἶ σύ. Τοῦτον τὸν υἱὸν αὐτοῦ ὁ θεὸς ἔδωκεν τοῖς ἀνθρώποις. Ὁ γὰρ πατὴρ τοῦ κυρίου ἡμῶν ἐστιν ὁ θεὸς τοῦ Ἰσραὴλ ὃς ἐποίησεν 15 τοὺς οὐρανοὺς καὶ τὴν γῆν.

Καὶ ἔρχεται πρὸς τὸν Ἰησοῦν ἀνήρ τις ἐκ τῆς πόλεως ἔχων δαιμόνια, καὶ λέγει τῷ Ἰησοῦ· τί ἐμοὶ καὶ σοί, Ἰησοῦ υἱὲ τοῦ θεοῦ; Λέγει δὲ αὐτῷ ὁ Ἰησοῦς· τί σοι ὄνομά ἐστιν; Ἀποκρίνεται δὲ· λεγιὼν ὄνομά μοι, ὅτι πολλοί ἐσμεν. 20

Καὶ ἔρχονται πρὸς τὸν κύριον ἡ μήτηρ αὐτοῦ καὶ οἱ ἀδελφοὶ αὐτοῦ. Καὶ λέγει τις αὐτῷ· ἡ μήτηρ σου καὶ οἱ ἀδελφοί σου ἐληλύθασι πρὸς σέ. Αὐτὸς δὲ ἀποκρίνεται· τίς ἐστιν ἡ μήτηρ μου καὶ οἱ ἀδελφοί; Ὁ πιστεύων ἐν ἐμοί, οὗτος ἀδελφός μου καὶ μήτηρ ἐστίν. Καὶ ἔλεγεν· ὁ ἔχων ὦτα ἀκούειν ἀκουέτω. 25

Ἦλθεν ἄνθρωπος παρὰ τοῦ θεοῦ εἰς τὴν γῆν τῆς Ἰουδαίας· ὄνομα αὐτῷ Ἰωάνης. Οὗτος εἶπεν· ἐγὼ ἔρχομαι βαπτίζειν τοὺς πιστεύοντας ἐν τῷ υἱῷ καὶ ἐν τῷ πατρὶ ὅς ἐστιν ἐν οὐρανῷ. Πᾶς ὁ πιστεύων γίνεται υἱὸς τοῦ θεοῦ. Ἀλλὰ οἱ Ἰουδαῖοι ἀπεκρίθη-σαν· τίς εἶ σύ; Οὐ πιστεύομέν σοι· ἀλλά τινες ἐπίστευσαν καὶ 30 ἐβαπτίζοντο.

Οὗτοι οἱ μαθηταὶ τοῦ Ἰωάνου ἤρχοντο πρὸς τὸν κύριον
αὐτῶν καὶ εἶπον· τί ἐστι τὸ ἅγιον πνεῦμα; Ἀπεκρίθη δὲ Ἰωάνης·
αὐτὸ ὁ θεὸς δώσει τοῖς πιστεύουσιν ἐν τῷ ὀνόματι τοῦ υἱοῦ αὐτοῦ·
ἐπ' ἐκείνους ἐλεύσεται τὸ πνεῦμα τὸ ἅγιον. Οὐκ ἐλεύσεται τὸ
5 πνεῦμα ἐπὶ τοὺς μὴ πιστεύοντας.

Καὶ ἡ μήτηρ Ἰακώβου καὶ τοῦ ἀδελφοῦ αὐτοῦ Ἰωάνου ἦλθεν
πρὸς τὸν Ἰησοῦν καὶ εἶπεν· δὸς τοῖς υἱοῖς μου πᾶν ὃ λέγω.
Ἀπεκρίθη ὁ Ἰησοῦς· οὐ δύναμαι ποιεῖν τοῦτο. Ἀλλὰ δύναται ὁ
πατήρ.

10 Ἐν ταῖς ἡμέραις ἐκείναις ἦλθεν ὁ Ἰησοῦς ἀπὸ Ναζαρὲθ εἰς τὴν
Ἰουδαίαν γῆν μετὰ τῶν μαθητῶν αὐτοῦ. Καὶ εἶπεν ὁ κύριος·
ἔρχεσθε πρός με, πάντες οἱ πιστεύοντες ἐν τῷ θεῷ. Πιστεύετε εἰς
τὸν θεόν, καὶ εἰς ἐμὲ πιστεύετε. Οἱ μαθηταὶ ἀπεκρίθησαν· πιστεύο-
μεν, κύριε. Ἀλλ' ὁ Ἰησοῦς εἶπεν· ἡ ἡμέρα τοῦ κυρίου ἐλεύσεται.
15 Δύνασθε πιστεύειν; Ἀπεκρίθησαν δέ· κύριε, δυνάμεθα.

Καὶ γυνή τις, ἡ Μαγδαληνή, ἤρχετο πρὸς τοὺς μαθητὰς καὶ
ἔλεγεν· οἴδατε τὸν Ἰησοῦν, τὸν χριστόν; Οἱ δὲ μαθηταὶ ἀπε-
κρίθησαν· οἴδαμεν Ἰησοῦν, ἄνδρα ἅγιον, τὸν υἱὸν Ἰωσήφ. Καὶ
αὐτὴ ἦλθεν πρὸς τὸν κύριον ὃς εἶπεν αὐτῇ· ὁ θεὸς πατήρ σού
20 ἐστιν. Ἡ γυνὴ εἶπεν· ἐγὼ πιστεύω εἰς τὸν θεόν. Καὶ ὁ Ἰησοῦς
ἀπεκρίθη τῇ γυναικί· πιστεύεις εἰς ἐμέ; Ἡ δὲ γυνὴ ἀπεκρίθη
αὐτῷ καὶ λέγει· πιστεύω, κύριε. Εἶπεν δὲ ὁ κύριος πρὸς τὴν
γυναῖκα· σὺ μαθητής μου εἶ. Καὶ ὁ θεὸς βαπτίσει πάντας τοὺς
μαθητάς μου ἐν πνεύματι ἁγίῳ. Καὶ οὕτως οἱ μαθηταὶ βαπτίσουσι
25 πάντας τοὺς ἀνθρώπους—γυναῖκας καὶ ἄνδρας—ἐν ὀνόματι τοῦ
πατρὸς καὶ τοῦ υἱοῦ καὶ τοῦ ἁγίου πνεύματος. Ἀμήν.

Μετὰ τοῦτο ἐξῆλθεν ὁ Ἰησοῦς ἀπὸ Κανὰ τῆς Γαλιλαίας, καὶ
ἦλθεν εἰς Καφαρναοὺμ αὐτὸς καὶ ἡ μήτηρ αὐτοῦ καὶ οἱ ἀδελφοὶ
αὐτοῦ καὶ οἱ μαθηταὶ αὐτοῦ. Καὶ ἐλάλησεν τὸν λόγον τοῖς ἀν-
30 θρώποις ἐκείνοις. Οἱ δὲ ἄνθρωποι ἔλεγον· οὐχ οὗτός ἐστιν ὁ τοῦ
Ἰωσὴφ υἱός; Οὐχ ἡ μήτηρ αὐτοῦ λέγεται Μαριὰμ καὶ οἱ ἀδελφοὶ
αὐτοῦ Ἰάκωβος καὶ Ἰωσὴφ καὶ Σίμων καὶ Ἰούδας; Καὶ αἱ ἀδελφαὶ
αὐτοῦ οὐχὶ πᾶσαι πρὸς ἡμᾶς εἰσιν; Οὕτως οὐκ ἠδυνήθησαν
πιστεύειν.

35 Ἐν ἐκείνῃ τῇ ἡμέρᾳ προσῆλθον τῷ Ἰησοῦ οἱ ἄνθρωποι τοῦ
Ἰσραὴλ λέγοντες· ἐν τίνι ἐξουσίᾳ ταῦτα ποιεῖς; Καὶ τίς σοι

ἔδωκεν τὴν ἐξουσίαν ταύτην; Ἀποκριθεὶς οὖν ὁ Ἰησοῦς εἶπεν αὐτοῖς· ἐγὼ δὲ λέγω ὑμῖν· ἦν τὸ βάπτισμα τοῦ Ἰωάνου ἐξ οὐρανοῦ; Οἱ δὲ Ἰουδαῖοι ἀπεκρίθησαν λέγοντες· ἐὰν εἴπωμεν· ἐξ οὐρανοῦ, ἐρεῖ ἡμῖν· τί οὖν οὐκ ἐπιστεύσατε αὐτῷ; Ἐὰν δὲ εἴπωμεν· ἐξ ἀνθρώπων, ἐρεῖ ἡμῖν· τί οὖν οἱ πολλοὶ ἐπίστευσαν αὐτῷ; 5 Πάντες γὰρ ἐπίστευσαν τῷ Ἰωάνῃ. Καὶ ἀποκριθέντες τῷ Ἰησοῦ εἶπον· οὐκ οἴδαμεν. Εἶπεν δὲ πρὸς αὐτούς· οὐ δὲ ἐγὼ λέγω ὑμῖν ἐν τίνι ἐξουσίᾳ ταῦτα ποιῶ.

Ὁ ἐκ τοῦ οὐρανοῦ ἐρχόμενος ἅγιός ἐστιν· ὁ ὢν ἐκ τῆς γῆς ἐκ τῆς γῆς ἐστιν καὶ ἐκ τῆς γῆς λαλεῖ. Ὁ ἐκ τοῦ οὐρανοῦ ἐρχόμενος ὁ 10 χριστός ἐστιν. Καὶ ὁ πιστεύων εἰς τὸν λόγον αὐτοῦ πιστεύει ὅτι ὁ θεὸς πατὴρ αὐτοῦ ἐστιν. Ὁ γὰρ γινώσκων τὸν θεὸν τοὺς λόγους τοῦ θεοῦ λαλεῖ καὶ ἐκείνῳ ὁ θεὸς δίδωσιν τὸ πνεῦμα αὐτοῦ. Ὁ υἱὸς γινώσκει τὸν πατέρα ὃς πάντα δέδωκεν αὐτῷ. Ἀλλὰ ὑμεῖς οὐ γινώσκετε τὸν πατέρα. 15

Ἔγνω ὁ κύριος ὅτι ἤκουσαν οἱ Φαρισαῖοι ὅτι Ἰησοῦς πολλοὺς μαθητὰς ποιεῖ. Ἀπῆλθεν οὖν εἰς τὴν Γαλιλαίαν διὰ τῆς Σαμαρείας. Οὕτως ἔρχεται εἰς πόλιν τῆς Σαμαρείας, Σύχαρ, ἣν ἔδωκεν Ἰακὼβ τῷ υἱῷ αὐτοῦ. Ἔρχεται δὲ γυνὴ ἐκ τῆς Σαμαρείας πρὸς αὐτόν. Ὡς εἶδεν αὐτὴν λέγει ὁ Ἰησοῦς· ἔχεις πίστιν εἰς θεόν; (Οἱ μαθηταὶ 20 αὐτοῦ ἀπῆλθον εἰς τὴν πόλιν.)

Λέγει οὖν τῷ Ἰησοῦ ἡ γυνὴ ἡ Σαμαρῖτις· τί σὺ Ἰουδαῖος ὢν ἐμοὶ Σαμαρίτιδι λαλεῖς; Ἀπεκρίθη Ἰησοῦς καὶ εἶπεν αὐτῇ· τίς ὁ ἀνήρ σου; Ἀπεκρίθη ἡ γυνὴ καὶ εἶπεν· οὐκ ἔχω ἄνδρα. Λέγει αὐτῇ ὁ Ἰησοῦς· ὡς εἶπες, ἄνδρα οὐκ ἔχεις· ε̄ γὰρ ἄνδρας ἔσχες, 25 καὶ αὐτὸς ὃν ἔχεις οὐκ ἔστιν σου ἀνήρ. Λέγει αὐτῷ ἡ γυνή· οἶδα ὅτι Μεσσίας ἔρχεται, ὁ λεγόμενος χριστός. Λέγει οὖν αὐτῇ ὁ Ἰησοῦς· ἐγώ εἰμι ὁ χριστός, ὁ λαλῶν σοι. Καὶ ἐπὶ τούτῳ ἦλθον οἱ μαθηταὶ αὐτοῦ, καὶ εἶδον ὅτι μετὰ γυναικὸς ἐλάλει· ἀλλ᾽ οὐκ εἶπον· τί λαλεῖς μετ᾽ αὐτῆς; 30

Ἡ γυνὴ οὖν ἀπῆλθεν εἰς τὴν πόλιν, καὶ λέγει τοῖς ἀνθρώποις· ἔρχεσθε, ἴδετε ἄνθρωπον ὃς εἶπέν μοι πάντα ἃ ἐποίησα· οὐχ οὗτός ἐστιν ὁ χριστός; Ἐξῆλθον ἐκ τῆς πόλεως καὶ ἤρχοντο πρὸς αὐτόν. Ἐκ δὲ τῆς πόλεως ἐκείνης πολλοὶ ἐπίστευσαν εἰς αὐτὸν τῶν Σαμαριτῶν διὰ τὸν λόγον τῆς γυναικὸς ὅτι εἶπέν 35 μοι πάντα ἃ ἐποίησα.

Καὶ Ἰησοῦς ἦν μετὰ τῶν Σαμαριτῶν β̄ ἡμέρας. Καὶ πολλοὶ
ἐπίστευσαν διὰ τὸν λόγον αὐτοῦ. Τῇ δὲ γυναικὶ ἔλεγον ὅτι οὐ
διὰ τὸν λόγον σου πιστεύομεν· ἡμεῖς γὰρ ἀκηκόαμεν, καὶ οἴδαμεν
ὅτι οὗτός ἐστιν ὁ χριστός. Καὶ ὁ Ἰησοῦς εἶπεν τοῖς μαθηταῖς
5 αὐτοῦ· ἀμὴν λέγω ὑμῖν, οὐ δὲ ἐν τῷ Ἰσραὴλ ταύτην πίστιν εἶδον.
Αὕτη ἡ πίστις ἐκ τοῦ πατρός μού ἐστιν· ὅτι ὁ θεὸς τὴν πίστιν
δίδωσι τοῖς υἱοῖς αὐτοῦ.

SECTION II

Καὶ λέγει τῷ Ἰησοῦ εἷς τῶν μαθητῶν αὐτοῦ· λέγουσιν οἱ
10 Φαρισαῖοι ὅτι Ἠλίας ἐλεύσεται. Ἀποκριθεὶς ὁ Ἰησοῦς εἶπεν·
λέγω δὲ ὑμῖν ὅτι Ἠλίας ἐλήλυθεν, καὶ οὐκ ἔγνωσαν αὐτόν, ἀλλ’
ἐποίησαν αὐτῷ ἃ ἤθελον, καθὼς γέγραπται ἐπ’ αὐτόν. Οὕτως
ἔσται καὶ ἐν ταῖς ἡμέραις τοῦ υἱοῦ τοῦ ἀνθρώπου ὅτι αὐτῷ
ποιήσουσιν ἃ θέλουσι, καθὼς γέγραπται.
15 Καὶ εἶπεν ὁ Ἰησοῦς· πάτερ, οὗτοί εἰσιν οἱ μαθηταί μου· γινώσ-
κουσιν γὰρ σέ, τὸν ἕνα θεὸν ἐπὶ πάντων καὶ διὰ πάντων καὶ ἐν
πᾶσιν. Ἔδωκά σου τὸ ὄνομα τοῖς ἀνθρώποις οὓς ἔδωκάς μοι ἐκ
τοῦ κόσμου. Πιστεύουσιν ὅτι πάντα ἃ δέδωκάς μοι παρὰ σοῦ
εἰσιν· ὅτι τοὺς λόγους οὓς ἔδωκάς μοι δέδωκα αὐτοῖς.
20 Πάτερ ἅγιε, ἔρχου πρὸς αὐτούς, ἵνα ὦσιν ἓν καθὼς ἡμεῖς
ἐσμεν. Αὐτοὶ οὐκ εἰσὶν ἐκ τούτου τοῦ κόσμου καθὼς ἐγὼ οὐκ εἰμὶ
ἐκ τοῦ κόσμου τούτου. Οὐ δὲ περὶ τούτων λέγω, ἀλλὰ καὶ περὶ
τῶν πιστευόντων διὰ τοῦ λόγου αὐτῶν εἰς ἐμέ, ἵνα πάντες ἓν
ὦσιν, καθὼς σύ, πατήρ, ἐν ἐμοὶ καὶ ἐγὼ ἐν σοί, ἵνα καὶ αὐτοὶ ἐν
25 ἡμῖν ὦσιν, ἵνα ὁ κόσμος πιστεύῃ εἰς σέ. Πατήρ, θέλω ἵνα πάντες
ἄνθρωποι ὦσιν μετ’ ἐμοῦ. Ταῦτα εἰπὼν Ἰησοῦς ἐξῆλθε σὺν τοῖς
μαθηταῖς αὐτοῦ εἰς τὴν Βηθανίαν.
Εἶπεν ὁ κύριος· πάντα οὖν ἃ ἐὰν θέλητε ἵνα ποιῶσιν ὑμῖν οἱ
ἄνθρωποι, οὕτως καὶ ὑμεῖς ποιεῖτε αὐτοῖς· οὕτως γὰρ γέγραπται.
30 Καὶ οὐ πᾶς ὁ λέγων μοι κύριε κύριε, ἐλεύσεται εἰς τοὺς οὐρανούς,
ἀλλ’ ὁ ἀκούων μου τῶν λόγων καὶ ποιῶν αὐτούς. Πολλοὶ ἐροῦσίν
μοι ἐν ἐκείνῃ τῇ ἡμέρᾳ· κύριε κύριε, καὶ ἐγὼ ἐρῶ αὐτοῖς ὅτι οὐ
γινώσκω ὑμᾶς. Εἴ τις ἔχει ὦτα ἀκούειν ἀκουέτω.

Ἔρχεται οὖν ὁ Ἰησοῦς ἀπὸ τῆς Γαλιλαίας ἐπὶ τὸν Ἰορδάνην πρὸς τὸν Ἰωάνην τοῦ βαπτισθῆναι ὑπ' αὐτοῦ. Ὁ δὲ Ἰωάνης οὐκ ἤθελεν βαπτίζειν αὐτόν, καὶ λέγει· τί ἔρχῃ σὺ πρός με; Ἀποκριθεὶς δὲ ὁ Ἰησοῦς εἶπεν αὐτῷ· οὕτως γὰρ γέγραπται. Καὶ ὁ Ἰωάνης ἐβάπτισεν αὐτὸν εἰς τὸν Ἰορδάνην. Βαπτισθεὶς δὲ ὁ Ἰησοῦς εἶδεν 5 ἐκ τῶν οὐρανῶν τὸ πνεῦμα θεοῦ ἐρχόμενον ἐπ' αὐτόν, καὶ ἤκουσεν τοὺς λόγους τούτους· οὗτός ἐστιν ὁ υἱός μου ᾧ ἔδωκα πᾶσαν ἐξουσίαν ἐν οὐρανῷ καὶ ἐπὶ τῆς γῆς.

Καὶ εἰσῆλθεν ὁ Ἰησοῦς καὶ οἱ μαθηταὶ αὐτοῦ εἰς πόλιν τινά. Καὶ εἰσελθὼν ὁ Ἰησοῦς εἶπεν αὐτοῖς· τίνα με λέγουσιν οἱ ἄνθρωποι 10 εἶναι; Αὐτοὶ δὲ εἶπαν αὐτῷ λέγοντες ὅτι Ἰωάνην τὸν βαπτιστὴν ἢ Ἠλίαν ἢ Ἱερεμίαν. Καὶ αὐτὸς λέγει αὐτοῖς· ὑμεῖς δὲ τίνα με λέγετε εἶναι; Ἀποκριθεὶς ὁ Πέτρος λέγει αὐτῷ· σὺ εἶ ὁ χριστός.

Οἱ Ἰουδαῖοι ἔλεγον αὐτῷ· σὺ τίς εἶ; Εἶπεν αὐτοῖς ὁ Ἰησοῦς· ὁ υἱὸς τοῦ πατρός μου. Εἶπον αὐτῷ· τίς ἐστιν ὁ πατήρ σου; 15 Ἀπεκρίθη Ἰησοῦς· οὐκ ἐμὲ οἴδατε ἢ τὸν πατέρα μου. Ἐγὼ γὰρ ἐλήλυθα ἐν τῷ ὀνόματι τοῦ πατρός μου, καὶ οὐ λαμβάνετέ με. Εἰ ἐπιστεύετε Μωϋσεῖ, ἐπιστεύετε ἂν ἐμοί· περὶ γὰρ ἐμοῦ ἐκεῖνος ἔγραψεν. Ἀμὴν ἀμὴν λέγω ὑμῖν, ὁ λαμβάνων μαθητήν μου ἐμὲ λαμβάνει, ὁ δὲ ἐμὲ λαμβάνων λαμβάνει τὸν πατέρα. 20

Ἀπεκρίθησαν καὶ εἶπαν αὐτῷ· ὁ πατὴρ ἡμῶν Ἀβραάμ ἐστιν. Λέγει αὐτοῖς ὁ Ἰησοῦς· εἰ υἱοὶ τοῦ Ἀβραάμ ἐστε, τὰ ἔργα τοῦ Ἀβραὰμ ποιεῖτε. Οὐ δὲ ἐμὲ λαμβάνετε ἢ τὸν λόγον ὑμῖν λελάληκα, ὃν ἤκουσα παρὰ τοῦ θεοῦ· τοῦτο Ἀβραὰμ οὐκ ἐποίη- σεν. Ὑμεῖς ποιεῖτε τὰ ἔργα τοῦ πατρὸς ὑμῶν. Εἶπαν αὐτῷ· ἕνα 25 πατέρα ἔχομεν, τὸν θεόν. Εἶπεν αὐτοῖς ὁ Ἰησοῦς· εἰ ὁ θεὸς πατὴρ ὑμῶν ἦν, ἐπιστεύετε ἂν ἐμοί· ἐγὼ γὰρ ἐκ τοῦ θεοῦ ἐξῆλθον. Ὑμεῖς οὐ δύνασθε λαμβάνειν τὸν λόγον μου. Ὑμεῖς γὰρ ἐκ τοῦ διαβόλου ἐστὲ καὶ τὰ ἔργα τοῦ πατρὸς ὑμῶν θέλετε ποιεῖν. Ἀπεκρίθησαν οἱ Ἰουδαῖοι καὶ εἶπαν αὐτῷ· οὐ λέγομεν ἡμεῖς ὅτι 30 Σαμαρίτης εἶ σὺ καὶ δαιμόνιον ἔχεις;

Ἔλεγεν οὖν ὁ Ἰησοῦς πρὸς τοὺς πεπιστευκότας αὐτῷ Ἰου- δαίους· πολλὰ ἔχω περὶ ὑμῶν λαλεῖν· εἰ ὑμεῖς λαμβάνετε τὸν λόγον μου, μαθηταί μού ἐστε. Ἐξῆλθον γὰρ ἐκ τοῦ πατρὸς καὶ ἐλήλυθα εἰς τὸν κόσμον. Καὶ πεπιστεύκατε ὅτι ἐγὼ παρὰ τοῦ 35 θεοῦ ἐξῆλθον. Ὁ θεὸς πατήρ μού ἐστιν, καὶ ἐγὼ ἃ ἤκουσα παρ' αὐτοῦ, ταῦτα λαλῶ εἰς τὸν κόσμον. Ὑμεῖς οὖν ἃ ἠκούσατε παρὰ τοῦ πατρὸς ποιεῖτε. Μετὰ ταῦτα πολλοὶ ἐπίστευσαν εἰς αὐτόν.

Εἶπεν ὁ κύριος· δόξαν παρὰ ἀνθρώπων οὐ λαμβάνω, ἀλλὰ
5 τὴν δόξαν τὴν παρὰ τοῦ θεοῦ. Ὁ ἀφ' ἑαυτοῦ λαλῶν τὴν δόξαν ἑαυτοῦ ἔχει. Εἶπον οὖν οἱ Ἰουδαῖοι πρὸς ἑαυτούς· τίς ἐστιν ὁ λόγος οὗτος ὃν εἶπεν; Ἀπεκρίθη ὁ κύριος καὶ εἶπεν αὐτοῖς· δότε δόξαν τῷ θεῷ.

Ἐγένετο δὲ μετὰ τοὺς λόγους τούτους ἔλαβεν ὁ κύριος τὸν
10 Πέτρον καὶ Ἰάκωβον καὶ Ἰωάνην, καὶ ἀπῆλθεν σὺν αὐτοῖς εἰς τὴν Γαλιλαίαν. Καὶ ἔλεγεν· οὐ πιστεύετε ὅτι ἐγὼ ἐν τῷ πατρὶ καὶ ὁ πατὴρ ἐν ἐμοί ἐστιν; Ἀμὴν ἀμὴν λέγω ὑμῖν, ὁ πιστεύων εἰς ἐμὲ τὰ ἔργα ἃ ἐγὼ ποιῶ ποιήσει, ὅτι ἐγὼ πρὸς τὸν πατέρα ἀπελεύσομαι. Λέγει τῷ κυρίῳ εἷς τῶν μαθητῶν· πιστεύεις ὅτι
15 δυνάμεθα ταῦτα ποιῆσαι; Ἀπεκρίθη δὲ αὐτοῖς λέγων· κατὰ τὴν πίστιν ὑμῶν γενηθήτω ὑμῖν. Καὶ ὁ κύριος ἔδωκεν ὄνομα τῷ Σίμωνι, Πέτρον· καὶ Ἰακώβῳ τῷ υἱῷ τοῦ Ζεβεδαίου καὶ Ἰωάνῃ τῷ ἀδελφῷ τοῦ Ἰακώβου ἔδωκεν ὄνομα Βοανηργές.

Γράφω περὶ τῶν ἀδελφῶν μου οἵ εἰσιν Ἰσραηλῖται, ὧν ἡ δόξα,
20 ὧν οἱ πατέρες, καὶ ἐξ ὧν ὁ Χριστὸς ὁ ὢν ἐπὶ πάντων θεός, ἀμήν. Οὐ γὰρ πάντες οἱ ἄνθρωποι ἐξ Ἰσραὴλ εἰσιν Ἰσραηλῖται· οὐ δὲ πάντες Ἰσραηλῖται υἱοὶ Ἀβραάμ εἰσιν. Καθὼς Ἀβραὰμ ἐπί- στευσεν τῷ θεῷ, γινώσκετε ὅτι οἱ ἄνθρωποι ἐκ πίστεως, οὗτοι υἱοί εἰσιν Ἀβραάμ. Πάντες γὰρ ὑμεῖς εἷς ἐστε ἐν Χριστῷ Ἰησοῦ.
25 Εἰ δὲ ὑμεῖς Χριστοῦ, τοῦ Ἀβραὰμ υἱοί ἐστε. Ἐγὼ Παῦλος ταῦτα γράφω ὑμῖν κατὰ τὴν ἐξουσίαν ἣν ὁ κύριος ἔδωκέν μοι. Ἡ χάρις τοῦ κυρίου Ἰησοῦ Χριστοῦ μετὰ τοῦ πνεύματος ὑμῶν.

Καὶ γέγραπται· οὕτως οὖν ἐν ταῖς ἡμέραις ταύταις ἐκ τοῦ θεοῦ χάρις γέγονεν. Εἰ δὲ τὸ πνεῦμα χάριτι ἐδόθη, οὐκ ἐξ ἔργων ἐστίν.
30 Ὁ γὰρ θεὸς λαμβάνει ἡμᾶς διὰ τῆς χάριτος αὐτοῦ τῆς ἐν Χριστῷ Ἰησοῦ. Ἀλλὰ λέγω· ὁ Ἰσραὴλ δὲ τί; Τί οὖν ἐροῦμεν; Ἐροῦμεν τῷ θεῷ· τί τῷ Ἰσραὴλ ἐποίησας οὕτως; Ἢ οὐκ ἔχει ἐξουσίαν ὁ θεὸς ποιῆσαι ἃ θέλει;

Παῦλος ἀπόστολος Χριστοῦ Ἰησοῦ, πᾶσιν τοῖς ἁγίοις ἐν
35 Χριστῷ Ἰησοῦ τοῖς οὖσιν ἐν Ῥώμῃ· χάρις ὑμῖν ἀπὸ θεοῦ πατρὸς ἡμῶν καὶ κυρίου Ἰησοῦ Χριστοῦ. Τί οὖν ἐροῦμεν πρὸς ταῦτα;

Εἰ ὁ θεὸς ὑπὲρ ἡμῶν, τίς καθ' ἡμῶν; Αὐτὸς γὰρ ὑπὲρ ἡμῶν πάντων ἔδωκεν τὸν υἱὸν ἑαυτοῦ. Ὁ γὰρ Χριστὸς οὐχ ὑπὲρ ἑαυτοῦ ἦλθεν. Ἀλλὰ καθὼς γέγραπται, οὕτως ἐποίησεν. Ταῦτα ἔγραψα ὑμῖν, ἀδελφοί μου, διὰ τὴν χάριν ἣ ἐδόθη μοι ἀπὸ τοῦ θεοῦ.   5

SECTION III

Τότε πορεύεται ὁ Ἰησοῦς καὶ οἱ μαθηταὶ αὐτοῦ ἀπὸ Καφαρναοὺμ εἰς τὴν Ἰουδαίαν. Ἀλλὰ οὐκ ἐδύνατο ὁ Ἰησοῦς ποιῆσαι οὐδέν. Καὶ ἔλεγεν· ἀμὴν ἀμὴν λέγω ὑμῖν, οὐ δύναται ὁ υἱὸς ποιεῖν ἀφ' ἑαυτοῦ οὐδέν. Πᾶν ὃ δίδωσίν μοι ὁ πατὴρ πρὸς ἐμὲ 10
ἔρχεται. Πολλοὶ οὖν εἶπαν· τίς δύναται τὸν λόγον τοῦτον ἀκούειν; Καὶ ἀπεκρίθη ὁ Ἰησοῦς· διὰ τοῦτο εἴρηκα ὑμῖν ὅτι οὐδεὶς δύναται ἐλθεῖν πρός με εἰ μὴ ὁ πεπιστευκὼς εἰς ἐμέ.

Ἐκ τούτου πολλοὶ τῶν μαθητῶν ἀπῆλθον. Τότε εἶπεν ὁ Ἰησοῦς τοῖς ιβ̅· μὴ καὶ ὑμεῖς θέλετε πορεύεσθαι; Ἀπεκρίθη αὐτῷ 15
Σίμων Πέτρος· κύριε, πρὸς τίνα πορευσόμεθα; Ἡμεῖς πεπιστεύκαμεν καὶ ἐγνώκαμεν ὅτι σὺ εἶ ὁ ἅγιος τοῦ θεοῦ. Καὶ ὁ Ἰησοῦς εἶπεν αὐτοῖς· ἀλλ' ἔστιν ἐξ ὑμῶν τις ὃς οὐ πιστεύει· εἰς γὰρ ἐξ ὑμῶν διάβολός ἐστιν.

Καὶ οἱ μαθηταὶ πορεύονται μετὰ τοῦ Ἰησοῦ εἰς Βηθσαϊδάν· 20
καὶ ὁ Ἰησοῦς ἐδίδασκεν. Καὶ ὁ ὄχλος εἶπεν· τί ἐστιν τοῦτο; Ἦν γὰρ διδάσκων αὐτοὺς ὡς ἐξουσίαν ἔχων, καὶ οὐχ ὡς οἱ Φαρισαῖοι. Καὶ οὐδεὶς ἐδύνατο ἀποκριθῆναι αὐτῷ λόγον.

Καὶ τότε ἔλεγέν τις τῶν μαθητῶν αὐτοῦ πρὸς αὐτόν· κύριε, δίδαξον ἡμᾶς λαλεῖν τῷ θεῷ, καθὼς καὶ Ἰωάνης ἐδίδαξεν τοὺς 25
μαθητὰς αὐτοῦ. Εἶπεν δὲ αὐτοῖς· λέγετε· πάτερ, ἐλθάτω ἡ βασιλεία σου. Καὶ εἶπον τῷ Ἰησοῦ· εἰσέρχεται ἡ βασιλεία εἰς τὸν κόσμον; Ὁ δὲ Ἰησοῦς ἀποκριθεὶς εἶπεν· περὶ τῆς ἡμέρας ἐκείνης οὐδεὶς οἶδεν.

Οἱ ὄχλοι ἤρχοντο πρὸς αὐτόν· καὶ ἰδὼν αὐτοὺς ἐλάλει αὐτοῖς 30
περὶ τῆς βασιλείας τοῦ θεοῦ. Εἶπεν ὁ κύριος· ἡ βασιλεία μου οὐκ ἔστιν ἐκ τοῦ κόσμου τούτου. Πᾶς ὁ ποιῶν τὴν ἁμαρτίαν οὐ δύναται ἰδεῖν τὴν βασιλείαν τοῦ θεοῦ. Καὶ ὁ ὢν ἐκ τοῦ κόσμου τούτου οὐ δύναται εἰσελθεῖν εἰς τὴν βασιλείαν τοῦ θεοῦ.

Πᾶν δὲ ὃ οὐκ ἐκ πίστεως ἁμαρτία ἐστίν. Τί οὖν ἐροῦμεν; Ὁ νόμος ἁμαρτία; Μὴ γένοιτο· ἀλλὰ τὴν ἁμαρτίαν οὐκ ἔγνων εἰ μὴ διὰ νόμου. Οἴδαμεν γὰρ ὅτι ὁ νόμος ἅγιός ἐστιν. Ἐγὼ δὲ ὑπὸ τὴν ἁμαρτίαν εἰμί, οὐ γὰρ ὃ θέλω, τοῦτο ποιῶ. Ἀλλὰ εἰ Χριστὸς
5 ἐν ὑμῖν· οὐκ ἐστὲ ὑπὸ νόμον ἀλλὰ ὑπὸ χάριν.

Καὶ Ἰησοῦς εἶπεν· ὁ υἱὸς τοῦ ἀνθρώπου ἐλεύσεται ἐν τῇ δόξῃ τοῦ πατρὸς αὐτοῦ μετὰ τῶν ἀγγέλων αὐτοῦ. Περὶ δὲ τῆς ἡμέρας ἐκείνης οὐδεὶς οἶδεν, οὐδὲ οἱ ἄγγελοι ἐν οὐρανῷ οὐδὲ ὁ υἱός. Καὶ οὐδεὶς εἶπέν τι αὐτῷ.
10 Μετὰ ταῦτα εἶδον ἄγγελον ἐρχόμενον ἐκ τοῦ οὐρανοῦ, ἔχοντα ἐξουσίαν μεγάλην. Καὶ λέγει· οὐαὶ οὐαί, ἡ πόλις ἡ μεγάλη, Βαβυλὼν ἡ πόλις. Καὶ μετὰ ταῦτα ἤκουσα ὄχλου πολλοῦ ἐν τῷ οὐρανῷ λεγόντων· ἀλληλουϊά· ἡ δόξα τῷ θεῷ ἡμῶν.

Ἦν Ἀνδρέας ὁ ἀδελφὸς Σίμωνος Πέτρου εἷς ἐκ τῶν ἀκουσάντων
15 παρὰ Ἰωάνου καὶ ἐλθόντων πρὸς τὸν Ἰησοῦν. Εὑρίσκει οὗτος τὸν ἀδελφὸν αὐτοῦ Σίμωνα καὶ λέγει αὐτῷ· εὑρήκαμεν τὸν Μεσσίαν. Καὶ ὁ Σίμων εὑρίσκει Φίλιππον. Ἦν δὲ ὁ Φίλιππος ἀπὸ Βηθσαϊδά, ἐκ τῆς πόλεως Ἀνδρέου καὶ Πέτρου. Εὑρίσκει Φίλιππος τὸν Ναθαναὴλ καὶ λέγει αὐτῷ· Μεσσίαν εὑρήκαμεν,
20 Ἰησοῦν υἱὸν τοῦ Ἰωσὴφ τὸν ἀπὸ Ναζαρέθ. Καὶ εἶπεν αὐτῷ Ναθαναήλ· τί, ἐκ Ναζαρέθ; Λέγει αὐτῷ ὁ Φίλιππος· ἔρχου καὶ ἴδε.

Τότε ὁ Ἰησοῦς ἐλάλησεν τοῖς ὄχλοις καὶ τοῖς μαθηταῖς αὐτοῦ λέγων· πάντες ὑμεῖς ἀδελφοί ἐστε· εἷς γάρ ἐστιν ὑμῶν ὁ πατήρ. Οὗτος ἐποίησεν ἐξ ἑνὸς πᾶν ἔθνος ἀνθρώπων ἐπὶ πάσης τῆς γῆς.
25 Λέγω δὲ ὑμῖν ὅτι ἄνδρες ἀπὸ παντὸς ἔθνους τῶν ὑπὸ τὸν οὐρανὸν ἐλεύσονται καὶ φάγονται μετὰ Ἀβραὰμ καὶ Ἰσαὰκ καὶ Ἰακὼβ ἐν τῇ βασιλείᾳ τοῦ θεοῦ.

Ὁ δὲ Ἰησοῦς λέγει τοῖς ὄχλοις περὶ Ἰωάνου· τί ἐξήλθατε ἰδεῖν; Προφήτην; Ἀμὴν λέγω ὑμῖν· αὐτός ἐστιν Ἠλίας ὁ ἐρχόμενος.
30 Ὁ ἔχων ὦτα ἀκουέτω. Ἦλθεν γὰρ Ἰωάνης μὴ ἐσθίων, καὶ λέγουσιν· δαιμόνιον ἔχει. Ἦλθεν ὁ υἱὸς τοῦ ἀνθρώπου ἐσθίων, καὶ λέγουσιν· μετὰ τῶν ἐχόντων ἁμαρτίαν ἐσθίει.

Ἐν ἐκείνῃ τῇ ἡμέρᾳ ἤρχετο ὁ ἄγγελος Γαβριὴλ ἀπὸ τοῦ θεοῦ εἰς πόλιν τῆς Γαλιλαίας ᾗ ὄνομα Ναζαρέθ, πρὸς γυναῖκα, καὶ τὸ
35 ὄνομα αὐτῆς Μαριάμ. Καὶ εἰσελθὼν πρὸς αὐτὴν εἶπεν· ὁ **κύριος** μετὰ σοῦ. Αὐτὴ δὲ οὐκ ἀπεκρίθη οὐδέν. Καὶ εἶπεν ὁ ἄγγελος

αὐτῇ· εὖρες χάριν παρὰ τῷ θεῷ. Καὶ ἕξεις υἱόν, καὶ τὸ ὄνομα αὐτῷ
Ἰησοῦς. Οὗτος ἔσται μέγας καὶ δώσει αὐτῷ κύριος ὁ θεὸς τὴν
βασιλείαν. Εἶπεν δὲ Μαριὰμ πρὸς τὸν ἄγγελον· οὐ πιστεύω
τοῦτο· ἄνδρα γὰρ οὐ γινώσκω. Καὶ ἀποκριθεὶς ὁ ἄγγελος εἶπεν
αὐτῇ· πνεῦμα ἅγιον ἐλεύσεται ἐπὶ σέ.   5
Ἰδὼν δὲ πολὺν ὄχλον ὁ κύριος ἐδίδασκεν αὐτοὺς λέγων· πᾶς
οὖν ὅστις ἀκούει μου τοὺς λόγους τούτους καὶ ποιεῖ αὐτούς,
οὗτος μέγας ἔσται ἐν τῇ βασιλείᾳ τῶν οὐρανῶν. Ὡς δὲ ὁ ὄχλος
οὐκ ἔχουσίν τι φαγεῖν, ὁ κύριος λέγει τοῖς μαθηταῖς· δότε αὐτοῖς
ὑμεῖς φαγεῖν.   10
Καί τινες μαθηταὶ πορευόμενοι ἀπὸ Κύπρου ἦλθον εἰς Ἀντιό-
χειαν, λαλοῦντες τὸν λόγον τοῖς Ἰουδαίοις. Ἦσαν δέ τινες ἐξ
αὐτῶν ἄνδρες Κύπριοι, οἵτινες ἐλθόντες εἰς Ἀντιόχειαν ἐλάλουν
καὶ πρὸς τὰ ἔθνη. Καὶ ἦν χεὶρ κυρίου μετ' αὐτῶν, πολλοί τε
πιστεύσαντες ἤρχοντο πρὸς τὸν κύριον. Ἦλθεν δὲ τὸ πνεῦμα τὸ   15
ἅγιον ἐπὶ πάντας τοὺς ἀκούοντας τὸν λόγον. Τότε ἀπεκρίθησαν
οἱ μαθηταί· οὐ δύνανται οὗτοι βαπτισθῆναι, οἵτινες τὸ πνεῦμα
τὸ ἅγιον ἔλαβον ὡς καὶ ἡμεῖς; Οὕτως ἐν τῷ ὀνόματι Ἰησοῦ
Χριστοῦ ἐβαπτίσθησαν.
Ὁ θεός μου, ἔργα τῶν χειρῶν σού εἰσιν οἱ οὐρανοί. Οὐ γὰρ ἡ   20
χείρ σου ἐποίησεν πάντα; Καὶ γινώσκομεν ὅτι θεός, αὐτός ἐστιν
ὁ κύριος· αὐτὸς ἐποίησεν ἡμᾶς καὶ οὐχ ἡμεῖς. Ἔργα τῶν χειρῶν
αὐτοῦ πάντες ἡμεῖς.
Εἶπεν ὁ κύριος· ὡς πιστεύει ἄνθρωπος ἐν τῇ καρδίᾳ αὐτοῦ,
οὕτως ἔσται. Καὶ Παῦλος γράφει· μὴ εἴπῃς ἐν τῇ καρδίᾳ σου· τίς   25
πορεύσεται εἰς τὸν οὐρανόν; Ὁ λόγος ἐστὶν ἐν τῇ καρδίᾳ σου·
ὅτι ἐὰν πιστεύσῃς ἐν τῇ καρδίᾳ σου ὅτι ὁ θεὸς ἔδωκεν τὸν υἱὸν
ὑπὲρ ἡμῶν, δώσει σοι ὁ θεὸς τὴν βασιλείαν.
Καὶ ἐγένετο μετὰ ταῦτα ἐπορεύθη ὁ Ἰησοῦς εἰς πόλιν λεγο-
μένην Ναΐν, καὶ συνεπορεύοντο αὐτῷ οἱ μαθηταὶ αὐτοῦ καὶ ὄχλος   30
πολύς. Καὶ ἀνήρ τις ἔλεγε τῷ Ἰησοῦ· καὶ γὰρ ἐγὼ ἄνθρωπός
εἰμι ὑπὸ ἐξουσίαν, ἔχων ὑπ' ἐμὲ ἀνθρώπους, καὶ λέγω τούτῳ·
πορεύθητι, καὶ πορεύεται, καὶ ἐκείνῳ· ἔρχου, καὶ ἔρχεται, ἤ·
ποίησον τοῦτο, καὶ ποιεῖ.
Εἶπεν δέ τις αὐτῷ· ἰδοὺ ἡ μήτηρ σου καὶ οἱ ἀδελφοί σου μετὰ   35
τοῦ ὄχλου ἑστήκασιν θέλοντές σοι λαλῆσαι. Τότε ἀπεκρίθη ὁ

Ἰησοῦς λέγων· ἰδοὺ μήτηρ μου καὶ ἀδελφοί μου οὗτοί εἰσιν οἱ
τὸν λόγον τοῦ θεοῦ ἀκούοντες καὶ ποιοῦντες. Ἀλλ᾽ ὁ ὄχλος ὁ
ἑστὼς καὶ ἀκούσας ἔλεγεν· τί ἐστιν τοῦτο ὃ λέγει ἡμῖν;
Μετὰ ταῦτα εἶδον, καὶ ἰδοὺ ὄχλος πολὺς ἐκ παντὸς ἔθνους,
5 ἑστῶτες πρὸ τοῦ θρόνου ἔδωκαν δόξαν τῷ θεῷ τοῦ οὐρανοῦ.
Καὶ πάντες οἱ ἄγγελοι ἔστησαν περὶ τὸν θρόνον, λέγοντες· ἀμήν,
ἡ δόξα τῷ θεῷ ἡμῶν, ἀμήν. Καὶ ἤκουσα ἑνὸς ἐκ τῶν ἀγγέλων
λέγοντος· ἐλήλυθεν ἡ ἡμέρα ἡ μεγάλη, καὶ τίς δύναται σταθῆναι;
Καὶ εἶπον τῷ ἀγγέλῳ· οὗτοι οἱ ἑστῶτες πρὸ τοῦ θρόνου τίνες
10 εἰσίν; Καὶ ἀπεκρίθη μοι· ἰδοὺ οἱ ἅγιοι τοῦ θεοῦ καὶ τοῦ Χριστοῦ
αὐτοῦ.
Ἔστη δὲ ὁ Παῦλος ἐν τῇ συναγωγῇ λέγων· ἄνδρες Ἰσραηλῖται,
ἀκούσατε. Ὁ θεὸς τοῦ Ἰσραὴλ ἔδωκεν τοῖς πατράσιν ἡμῶν τὸν
Σαοὺλ υἱὸν Κίς, ἄνδρα ἐκ Βενιαμίν. Τότε ἔδωκεν τὸν Δαυὶδ αὐτοῖς,
15 ὃν εἶπεν ὁ θεός· εὗρον Δαυὶδ τὸν τοῦ Ἰεσσαί, ἄνδρα κατὰ τὴν
καρδίαν μου, ὃς ποιήσει πάντα ἃ θέλω. Ἀλλὰ ἡμῖν ἐν ταῖς
ἡμέραις ταύταις ἔδωκεν ὁ θεὸς υἱόν, τοῦτον τὸν Ἰησοῦν. Γινωσ-
κέτω οὖν πᾶς Ἰσραὴλ ὅτι καὶ κύριον αὐτὸν καὶ χριστὸν ἐποίησεν
ὁ θεός.

20   SECTION IV

Ἔλεγεν δὲ ὁ κύριος πρὸς τοὺς ἀποστόλους· ἰδοὺ ἐγὼ ἀποστέλλω
ὑμᾶς δύο δύο εἰς πᾶσαν πόλιν. Ὁ ἀκούων ὑμῶν ἐμοῦ ἀκούει. Οὐ
γὰρ ὑμεῖς ἐστε οἱ λαλοῦντες, ἀλλὰ τὸ πνεῦμα τοῦ πατρὸς ὑμῶν
τὸ λαλοῦν ἐν ὑμῖν. Καθὼς ἐμὲ ἀπέστειλεν ὁ πατὴρ εἰς τὸν κόσμον,
25 κἀγὼ ὑμᾶς ἀποστέλλω εἰς τὸν κόσμον.
Λέγω δὲ τοῦτο· ὅτι εἷς ἐξ ὑμῶν λέγει· ἐγὼ μέν εἰμι Παύλου,
ἄλλος· ἐγὼ δὲ Ἀπολλῶ. Ἐβαπτίσθητε εἰς τὸ ὄνομα Παύλου;
Οὐδένα ὑμῶν ἐβάπτισα εἰ μὴ Κρῖσπον καὶ Γάϊον· ἵνα μή τις
εἴπῃ ὅτι εἰς τὸ ὄνομά μου ἐβαπτίσθητε. Οὐ γὰρ ἀπέστειλέν με
30 Χριστὸς βαπτίζειν. (Οὐκ οἶδα εἴ τινα ἄλλον ἐβάπτισα).
Καὶ πάλιν ἐλάλησεν ὁ Ἰησοῦς αὐτοῖς λέγων· εἰ ὁ θεὸς πατὴρ
ὑμῶν ἦν, ἠγαπᾶτε ἂν ἐμέ· ἐκεῖνος γάρ με ἀπέστειλεν. Ὁ ἔχων
τοὺς λόγους μου, ἐκεῖνός ἐστιν ὁ ἀγαπῶν με. Ὁ δὲ ἀγαπῶν με
ἀγαπηθήσεται ὑπὸ τοῦ πατρός μου, κἀγὼ ἀγαπήσω αὐτόν.

Λεγόντων Πέτρου καὶ 'Ιωάνου, εἰσῆλθε πᾶς ὁ λαὸς πρὸς
αὐτούς. 'Ιδὼν δὲ ὁ Πέτρος ἀπεκρίνατο πρὸς τὸν λαόν· Μωϋσῆς
μὲν εἶπεν ὅτι προφήτην ὑμῖν ἀποστελεῖ ὁ θεὸς ἐκ τῶν ἀδελφῶν
ὑμῶν ὡς ἐμέ· τοῦ προφήτου ἐκείνου ἀκούσεσθε. Καὶ οἱ δύο ἀπό-
στολοι ἐλάλησαν περὶ πάντων ἃ ἐποίησεν καὶ ἐδίδαξεν ὁ προ- 5
φήτης 'Ιησοῦς ὁ ἀπὸ Ναζαρέθ. Πολλοὶ δὲ τῶν ἀκουσάντων τὸν
λόγον αὐτῶν ἐπίστευσαν.

Τότε προσῆλθον οἱ ἀρχιερεῖς τοῦ λαοῦ πρὸς τὸν 'Ιησοῦν
λέγοντες· τίνες μαθηταί σού εἰσιν; Ὁ δὲ ἀποκριθεὶς εἶπεν· πᾶς ὁ
ἔχων τὴν πίστιν τὴν εἰς ἐμέ. Λέγουσιν οὖν οἱ ἀρχιερεῖς αὐτῷ 10
πάλιν· τίνες μαθηταί σού εἰσιν; 'Απεκρίθη 'Ιησοῦς· ἰδοὺ εἴρηκα
ὑμῖν. Τί πάλιν θέλετε ἀκούειν; Μὴ καὶ ὑμεῖς θέλετε μαθηταί μου
γενέσθαι;

Πρὸ τοῦ δὲ ἐλθεῖν τὴν πίστιν ὑπὸ νόμον ἦμεν. 'Αλλὰ καθὼς
δι' ἑνὸς ἀνθρώπου ἡ ἁμαρτία εἰς τὸν κόσμον εἰσῆλθεν, οὕτως 15
καὶ διὰ τοῦ ἑνὸς Χριστοῦ 'Ιησοῦ ἡ χάρις τοῦ θεοῦ εἰσῆλθεν. Καὶ
γινώσκομεν ὅτι τὰ ἔθνη τὰ μὴ νόμον ἔχοντα ἐποίησαν τὰ ἔργα
τοῦ νόμου· πρὸ γὰρ τοῦ νόμου ἁμαρτία ἦν ἐν κόσμῳ. Οὗτοι οὖν
νόμον μὴ ἔχοντες ἑαυτοῖς ἦσαν νόμος, οἵτινες ἔσχον τὸν νόμον ἐν
ταῖς καρδίαις αὐτῶν. 20

Ὁ κύριος εἶπε τοῖς ἑαυτοῦ μαθηταῖς· ὅτι ἐγὼ ζῶ καὶ ὑμεῖς
ζήσετε. 'Αμὴν ἀμὴν λέγω ὑμῖν ὅτι ἔρχεται ἡ ἡμέρα ἐν ᾗ πάντες
οἱ νεκροὶ ἀκούσουσιν τοῦ υἱοῦ τοῦ θεοῦ καὶ οἱ ἀκούσαντες ζήσου-
σιν. Ὡς γὰρ ὁ πατὴρ ἔχει ζωὴν ἐν ἑαυτῷ, οὕτως καὶ τῷ υἱῷ
ἔδωκεν ζωὴν ἔχειν ἐν ἑαυτῷ. 25

Πιστεύομεν περὶ τῶν νεκρῶν ὅτι οἱ νεκροὶ ἐγείρονται. Οὐκ
οἴδατε ὅτι ὁ θεὸς εἶπεν· ἐγώ εἰμι ὁ θεὸς 'Αβραὰμ καὶ θεὸς 'Ισαὰκ
καὶ θεὸς 'Ιακώβ; Οὐκ ἔστιν θεὸς νεκρῶν ἀλλὰ ζώντων.

Τί οὖν ἐροῦμεν; Ζῶμεν νῦν τῇ ἁμαρτίᾳ, ἵνα ἡ χάρις μεγάλη;
Μὴ γένοιτο. Οὐ βλέπετε ὅτι ἡμεῖς οἱ ἐβαπτίσθημεν εἰς Χριστὸν 30
'Ιησοῦν, εἰς τὴν ζωὴν αὐτοῦ ἐβαπτίσθημεν; Καθὼς γὰρ ἠγέρθη
Χριστὸς ἐκ νεκρῶν διὰ τῆς δόξης τοῦ πατρός, οὕτως καὶ ἡμεῖς
ζήσομεν.

'Ιδοὺ ἄγγελος κυρίου καλεῖ τὸν 'Ιωσὴφ λέγων· ἐγερθεὶς λάβε
τὸν υἱὸν καὶ τὴν μητέρα αὐτοῦ, πορεύου εἰς Αἴγυπτον, καὶ ἴσθι 35
ἐν Αἰγύπτῳ ἕως ἂν εἴπω σοι. Ὁ δὲ ἐγερθεὶς ἔλαβεν τὸν υἱὸν καὶ

τὴν μητέρα αὐτοῦ καὶ ἐπορεύθη εἰς Αἴγυπτον· οὕτως γὰρ γέγ-
ραπται ἐν τῷ προφήτῃ· ἐξ Αἰγύπτου ἐκάλεσα τὸν υἱόν μου.

Ὁ δὲ Ἰησοῦς βλέπει δύο ἀδελφούς, Σίμωνα τὸν λεγόμενον
Πέτρον καὶ Ἀνδρέαν τὸν ἀδελφὸν αὐτοῦ. Καὶ καλῶν αὐτοὺς
5 λέγει· ἔρχεσθε, καὶ ποιήσω ὑμᾶς μαθητὰς εἶναι. Τότε εἶδεν ἄλλους
δύο ἀδελφούς, Ἰάκωβον τὸν τοῦ Ζεβεδαίου καὶ Ἰωάνην τὸν
ἀδελφὸν αὐτοῦ· καὶ ἐκάλεσεν αὐτούς.

Ἐγένετο ἄνθρωπος ἀπεσταλμένος παρὰ θεοῦ, ὄνομα αὐτῷ
Ἰωάνης. Βλέπων δὲ τὸν Ἰησοῦν λέγει· οὗτος ἔρχεται ἵνα πάντες
10 πιστεύσωσιν δι' αὐτοῦ. Καὶ ὁ λόγος σὰρξ ἐγένετο, καὶ ἐβλέπομεν
τὴν δόξαν αὐτοῦ, ὅτι ὁ νόμος διὰ Μωϋσέως ἐδόθη, ἡ χάρις διὰ
Ἰησοῦ Χριστοῦ ἐγένετο.

Κἀγὼ Παῦλος νῦν γράφω ταῦτα ὑμῖν. Ὁ νόμος τοῦ πνεύματος
τῆς ζωῆς ἐν Χριστῷ Ἰησοῦ ἐδόθη ὑμῖν τοῖς μὴ κατὰ σάρκα ζῶσιν
15 ἀλλὰ κατὰ πνεῦμα. Οἱ γὰρ κατὰ σάρκα ὄντες τὰ τῆς σαρκὸς
ἀγαπῶσιν, οἱ δὲ κατὰ πνεῦμα τὰ τοῦ πνεύματος. Εἰ δέ τις πνεῦμα
Χριστοῦ οὐκ ἔχει, οὗτος οὐκ ἔστιν αὐτοῦ. Εἰ δὲ Χριστὸς ἐν ὑμῖν,
τὸ μὲν σῶμα νεκρὸν διὰ ἁμαρτίαν, τὸ δὲ πνεῦμα ζωή.

Εἶπεν ὁ Ἰησοῦς τοῖς μαθηταῖς αὐτοῦ· οἴδατε ὅτι μετὰ δύο
20 ἡμέρας ὁ υἱὸς τοῦ ἀνθρώπου παραδοθήσεται εἰς χεῖρας τῶν
ἀρχιερέων. Καὶ παρεδόθη αὐτοῖς. Καὶ ὁ ἀρχιερεὺς εἶπεν τῷ Ἰησοῦ·
σὺ εἶ ὁ υἱὸς τοῦ θεοῦ τοῦ ζῶντος; Λέγει τῷ ἀρχιερεῖ ὁ Ἰησοῦς·
σὺ εἶπας.

Ἐγὼ δὲ λέγω ὑμῖν· εἰ ἡ χείρ σου ἁμαρτία ἐστίν σοι, βάλε
25 αὐτὴν ἀπὸ σοῦ, ἵνα μὴ τὸ σῶμά σου βληθῇ εἰς γέενναν. Τινὲς ἐκ
τοῦ ὄχλου οὖν ἀκούσαντες τῶν λόγων τούτων ἔλεγον· οὗτός
ἐστιν ὁ προφήτης· ἄλλοι ἔλεγον· οὗτός ἐστιν ὁ χριστός· οἱ δὲ
ἔλεγον· μὴ γὰρ ἐκ τῆς Γαλιλαίας ὁ χριστὸς ἔρχεται; Οὐ γέγραπται
ὅτι ἀπὸ Βηθλέεμ ἔρχεται ὁ χριστός; Τινὲς δὲ ἤθελον ἐξ αὐτῶν
30 παραδιδόναι αὐτόν, ἀλλ' οὐδεὶς ἐπέβαλεν ἐπ' αὐτὸν τὰς χεῖρας.

Εἶπεν ὁ κύριος· ἀμὴν γὰρ λέγω ὑμῖν, ἕως ἂν παρέλθῃ ὁ οὐρανὸς
καὶ ἡ γῆ, οὐδὲν παρελεύσεται ἀπὸ τοῦ νόμου ἕως ἂν πάντα
γένηται. Ὃς δ' ἂν ποιήσῃ τὸν νόμον καὶ διδάξῃ οὕτως τοὺς
ἀνθρώπους, οὗτος μέγας κληθήσεται ἐν τῇ βασιλείᾳ τῶν οὐρανῶν.
35 Πάλιν δὲ λέγω ὑμῖν· οὐκ ἔστιν δοῦλος ὑπὲρ τὸν κύριον αὐτοῦ,
οὐδὲ ἀπόστολος ὑπὲρ τὸν ἀποστείλαντα αὐτόν. Καὶ ὁ δοῦλος

τοῦ θεοῦ ἐκ πίστεως ζήσεται, ἵνα γένηται ὡς ὁ κύριος αὐτοῦ. Πᾶς γὰρ ὁ ποιῶν τὴν ἁμαρτίαν δοῦλός ἐστιν τῆς ἁμαρτίας. Ἀλλὰ νῦν οὐ καλῶ ὑμᾶς δούλους, ὅτι ὁ δοῦλος οὐκ οἶδεν τί ποιεῖ αὐτοῦ ὁ κύριος· ὑμῖν δὲ εἴρηκα πάντα. Καὶ πᾶν ὅ τι ἐὰν ποιῆτε ἐν λόγῳ ἢ ἐν ἔργῳ, πάντα ἐν ὀνόματι 5 κυρίου Ἰησοῦ ποιεῖτε. Οὕτως ὁ ἐσθίων, κυρίῳ ἐσθίει, καὶ ὁ μὴ ἐσθίων, κυρίῳ οὐκ ἐσθίει. Ἐάν τε γὰρ ζῶμεν, τῷ κυρίῳ ζῶμεν. Ἐάν τε οὖν ζῶμεν ἢ οὐ ζῶμεν, τοῦ κυρίου ἐσμέν. Οὐδεὶς γὰρ ἡμῶν ἑαυτῷ ζῇ.

Τότε εἶπεν ὁ κύριος· τί δέ με καλεῖτε· κύριε κύριε, καὶ οὐ ποιεῖτε 10 ἃ λέγω; Πᾶς ὁ ἐρχόμενος πρός με καὶ ἀκούων μου τῶν λόγων καὶ ποιῶν αὐτούς, οὗτός ἐστιν ὁ ἀγαπῶν με. Βλέπεις ταύτην τὴν γυναῖκα; Λέγω σοι, ἀφέωνται αἱ ἁμαρτίαι αὐτῆς αἱ πολλαί, ὅτι ἠγάπησεν πολύ. Ὧ δὲ ὀλίγον ἀφίεται, ὀλίγον ἀγαπᾷ. Εἶπεν δὲ αὐτῇ· ἀφέωνταί σου αἱ ἁμαρτίαι. Καὶ οἱ Ἰουδαῖοι ἔλεγον· τίς 15 οὗτός ἐστιν, ὃς καὶ ἁμαρτίας ἀφίησιν;

SECTION V

Ἀδελφοί, ἐὰν ἀγαπῶμεν ἄλλους, ὁ θεὸς ἐν ἡμῖν μένει, καὶ ἡ ἀγάπη αὐτοῦ ἐν ἡμῖν ἐστιν. Ἐν τούτῳ γινώσκομεν ὅτι ἐν αὐτῷ μένομεν καὶ αὐτὸς ἐν ἡμῖν, ὅτι ἐκ τοῦ πνεύματος αὐτοῦ δέδωκεν 20 ἡμῖν. Ὁ πατὴρ ἀπέσταλκεν τὸν υἱὸν σῴζειν τὸν κόσμον. Καὶ ἡμεῖς ἐγνώκαμεν καὶ πεπιστεύκαμεν τὴν ἀγάπην ἣν ἔχει ὁ θεὸς ἡμῖν. Ὁ θεὸς ἀγάπη ἐστίν, καὶ ὁ μένων ἐν τῇ ἀγάπῃ ἐν τῷ θεῷ μένει.

Μετὰ ταῦτα ἤκουσα ὡς φωνὴν μεγάλην ὄχλου πολλοῦ ἐν τῷ 25 οὐρανῷ λεγόντων· ἁλληλουϊά. Μεγάλα τὰ ἔργα σου, κύριε ὁ θεός, ὁ βασιλεὺς τῶν ἐθνῶν. Ἤκουσα ἄλλην φωνὴν ἐκ τοῦ οὐρανοῦ λέγουσαν· δότε θεῷ δόξαν, ὅτι ἦλθεν ἡ ὥρα αὐτοῦ. Δότε δόξαν τῷ ποιήσαντι τὸν οὐρανὸν καὶ τὴν γῆν.

Ἐν αὐτῇ τῇ ὥρᾳ ὁ Ἰησοῦς ἀπεκρίθη ἐν τῷ πνεύματι τῷ ἁγίῳ 30 καὶ εἶπεν· παρακαλῶ σε, πάτερ, κύριε τοῦ οὐρανοῦ καὶ τῆς γῆς κρίνειν τὴν ἐκκλησίαν. Πάντα μοι παρεδόθη ὑπὸ τοῦ πατρός μου, καὶ οὐδεὶς γινώσκει τίς ἐστιν ὁ πατὴρ εἰ μὴ ὁ υἱός. Καὶ πρὸς τοὺς μαθητὰς αὐτοῦ εἶπεν· ἅγιοι οἱ ἄνθρωποι οἱ βλέποντες ἃ

βλέπετε. Λέγω γὰρ ὑμῖν ὅτι πολλοὶ προφῆται καὶ βασιλεῖς
ἠθέλησαν ἰδεῖν ἃ ὑμεῖς βλέπετε καὶ οὐκ εἶδαν, καὶ ἀκοῦσαι ἃ
ἀκούετε καὶ οὐκ ἤκουσαν.

Καὶ ἄνθρωπός τις ἀνέστη λέγων· κύριε, τί ποιήσω ἵνα ζωὴν
5 τῶν αἰώνων σχῶ; Ὁ δὲ εἶπεν πρὸς αὐτόν· ἐν τῷ νόμῳ τί γέγραπ-
ται; Τί σὺ λέγεις περὶ τούτου; Ὁ δὲ ἀποκριθεὶς εἶπεν· ἀγαπήσεις
κύριον τὸν θεόν σου. Ἀλλ' ὁ Ἰησοῦς εἶπεν· πῶς τὸν θεὸν ὃν οὐ
βλέπεις δύνασαι ἀγαπᾶν;

Οἱ ἄνδρες, ἀγαπᾶτε τὰς γυναῖκας, καθὼς καὶ ὁ Χριστὸς ἠγά-
10 πησεν τὴν ἐκκλησίαν καὶ ἑαυτὸν παρέδωκεν ὑπὲρ αὐτῆς. Οὕτως
δεῖ τοὺς ἄνδρας ἀγαπᾶν τὰς ἑαυτῶν γυναῖκας ὡς τὰ ἑαυτῶν
σώματα, καθὼς καὶ ὁ Χριστὸς τὴν ἐκκλησίαν.

Παρακαλῶ οὖν ὑμᾶς ἐγὼ Παῦλος, δοῦλος θεοῦ, μένειν ἐν τῇ
πίστει· ἓν σῶμα καὶ ἓν πνεῦμα, καθὼς καὶ ἐκλήθητε ἐν μίᾳ ψυχῇ·
15 εἷς κύριος, μία πίστις, ἓν βάπτισμα· εἷς θεὸς καὶ πατὴρ πάντων,
ὁ ἐπὶ πάντων καὶ διὰ πάντων καὶ ἐν πᾶσιν.

Καὶ Ἅννας ὁ ἀρχιερεὺς καὶ Καϊάφας εἶπον τοῖς μαθηταῖς· ἐν
τίνι ὀνόματι ἐποιήσατε τοῦτο ὑμεῖς; Τότε Πέτρος εἶπεν πρὸς
αὐτούς· Πῶς δεῖ ἡμᾶς ἀποκρίνεσθαι ἐν τίνι οὗτος ὁ ἄνθρωπος
20 σέσωσται; Γινώσκετε πάντες ὑμεῖς καὶ πᾶς ὁ λαὸς Ἰσραήλ, ὅτι
ἐν τῷ ὀνόματι Ἰησοῦ Χριστοῦ τοῦ Ναζωραίου, ὃν ὁ θεὸς ἤγειρεν ἐκ
νεκρῶν, ἐν τούτῳ οὗτος ἐσώθη.

Παῦλος ἀπόστολος Χριστοῦ Ἰησοῦ τῇ ἐκκλησίᾳ τοῦ θεοῦ τῇ
οὔσῃ ἐν Κορίνθῳ, χάρις ὑμῖν ἀπὸ θεοῦ πατρὸς ἡμῶν. Παρακαλῶ
25 δὲ ὑμᾶς, ἀδελφοί, διὰ τοῦ ὀνόματος τοῦ κυρίου ἡμῶν Ἰησοῦ
Χριστοῦ, ἵνα τὸ αὐτὸ λέγητε πάντες. Κἀγὼ ἐλθὼν πρὸς ὑμᾶς,
ἀδελφοί, ἦλθον ἵνα σώσω τὰς ψυχάς. Οὐ γὰρ ἔκρινά τι εἰδέναι ἐν
ὑμῖν εἰ μὴ Ἰησοῦν Χριστόν. Οὐ γὰρ ἔδωκεν ὁ θεὸς τὸν υἱὸν ἵνα
κρίνῃ τὸν κόσμον, ἀλλ' ἵνα σωθῇ ὁ κόσμος δι' αὐτοῦ. Ὁ πιστεύων
30 εἰς αὐτὸν οὐ κρίνεται· ὁ μὴ πιστεύων κέκριται, ὅτι οὐ πεπίστευκεν
εἰς τὸ ὄνομα τοῦ υἱοῦ τοῦ θεοῦ.

Τότε οὖν εἰσῆλθεν καὶ ὁ ἄλλος μαθητὴς καὶ εἶδεν καὶ ἐπίστευσεν.
Οὐ γὰρ ἔγνωσαν ὅτι δεῖ Ἰησοῦν ἐκ νεκρῶν ἀναστῆναι.

Ἐὰν πίστιν λέγῃ τις ἔχειν ἔργα δὲ μὴ ἔχῃ, μὴ δύναται ἡ πίστις
35 σῶσαι αὐτόν; Οὕτως καὶ ἡ πίστις, ἐὰν μὴ ἔχῃ ἔργα, νεκρά ἐστιν
καθ' ἑαυτήν. Ἀλλ' ἐρεῖ τις· σὺ πίστιν ἔχεις, κἀγὼ ἔργα ἔχω.

Ἐν δὲ τῷ πορεύεσθαι τὸν Σαῦλον ἤκουσεν φωνὴν λέγουσαν αὐτῷ· Σαοὺλ Σαούλ. Εἶπεν δέ· τίς εἶ, κύριε; Ὁ δέ· ἐγώ εἰμι Ἰησοῦς· ἀλλὰ ἀνάστηθι καὶ εἴσελθε εἰς τὴν πόλιν, καὶ λαληθήσεταί σοι ὅ τί σε δεῖ ποιεῖν. Οἱ δὲ ἄνδρες οἱ σὺν αὐτῷ ἤκουσαν τῆς φωνῆς, οὐδένα δὲ εἶδον. Ἠγέρθη δὲ Σαῦλος ἀπὸ τῆς γῆς καὶ 5 οὐδὲν ἔβλεπεν.

Ἦν δέ τις μαθητὴς ἐν Δαμασκῷ ὀνόματι Ἀνανίας, καὶ εἶπεν πρὸς αὐτὸν ὁ κύριος· Ἀνανία. Ὁ δὲ εἶπεν· ἰδοὺ ἐγώ, κύριε. Ὁ δὲ κύριος εἶπεν πρὸς αὐτόν· ἀναστὰς πορεύθητι καὶ ζήτησον ἄνθρωπον, Σαῦλον ὀνόματι. Ἀπεκρίθη δὲ Ἀνανίας· κύριε, ἤκουσα 10 ἀπὸ πολλῶν περὶ τοῦ ἀνδρὸς τούτου, ὅσα τοῖς ἁγίοις σου ἐποίησεν ἐν Ἰερουσαλήμ. Εἶπεν δὲ πρὸς αὐτὸν ὁ κύριος· πορεύου. Ἀπῆλθεν δὲ Ἀνανίας.

Εἶπεν ὁ κύριος· ζητεῖτε, καὶ εὑρήσετε· πᾶς γὰρ ὁ ζητῶν εὑρίσκει. Πάντα οὖν ὅσα ἐὰν θέλητε ἵνα ποιῶσιν ὑμῖν οἱ ἄνθρωποι, 15 οὕτως καὶ ὑμεῖς ποιεῖτε αὐτοῖς· οὗτος γάρ ἐστιν ὁ νόμος καὶ οἱ προφῆται.

Ἤκουσεν δὲ Ἡρῴδης ὁ τετραάρχης τὰ γινόμενα πάντα, καὶ τὸ λέγεσθαι ὑπό τινων ὅτι Ἰωάνης ἠγέρθη ἐκ νεκρῶν. Εἶπεν δὲ ὁ Ἡρῴδης· τίς ἐστιν οὗτος περὶ οὗ ἀκούω ταῦτα; Καὶ ἐζήτει ἰδεῖν 20 αὐτόν.

Καὶ βλέπω γύναικα ἐρχομένην πρός με ἐκ τοῦ οὐρανοῦ, λέγουσαν· Ἑρμᾶ χαῖρε. Βλέψας δὲ εἰς αὐτὴν λέγω αὐτῇ· κυρία, τί σὺ ποιεῖς; Ἡ δὲ ἀπεκρίθη μοι· Ἐλάλησα περὶ τῶν ἁμαρτιῶν σου πρὸς τὸν βασιλέα τῶν οὐρανῶν. Λέγω αὐτῇ· νῦν σὺ οὐκ ἀγαπᾶς 25 με; Οὔ, λέγει αὐτή, ἀλλὰ ἄκουσον ἅ σοι λέγω. Ὁ θεός, ὁ ὢν ἐν τοῖς οὐρανοῖς καὶ ποιήσας ἐκ τοῦ μὴ ὄντος τὰ ὄντα ὑπὲρ τῆς ἁγίας ἐκκλησίας αὐτοῦ, οὐκ ἀγαπᾷ σε.

Μετὰ τὸ λαλῆσαι αὐτὴν ταῦτα, ἔλεγον τῇ ὥρᾳ ἐκείνῃ· εἰ αὕτη ἡ ἁμαρτία μου γράφεται, πῶς δυνήσομαι σωθῆναι; Ταῦτα μοῦ 30 λέγοντος, ἰδοὺ ἦλθεν γύνη, καὶ λέγει μοι· Ἑρμᾶ χαῖρε. Κἀγὼ εἶπον· κυρία χαῖρε. Καὶ εἶπέν μοι· ἁμαρτία ἦν ἐν τῇ καρδίᾳ σου, καὶ πῶς δύνῃ σωθῆναι; Ἀλλὰ τοῦτο σέσωκέν σε τὸ πιστεύειν εἰς θεὸν τὸν ζῶντα.

Ὁ δὲ Ἰωάνης ἀκούσας τὰ ἔργα τοῦ Χριστοῦ εἶπεν αὐτῷ· σὺ 35 εἶ ὁ ἐρχόμενος, ἢ ἕτερον ζητοῦμεν; Εἶπεν ὁ Ἰησοῦς οὖν τοῖς

μαθηταῖς αὐτοῦ· τίνα λέγουσιν οἱ ἄνθρωποι εἶναι τὸν υἱὸν τοῦ
ἀνθρώπου; Οἱ μαθηταὶ εἶπαν· οἱ μὲν Ἰωάνην τὸν βαπτίστην,
ἄλλοι δὲ Ἠλίαν, ἕτεροι δὲ Ἰερεμίαν ἢ ἕνα τῶν προφήτων. Καὶ ὁ
κύριος εἶπεν· πάντα ὅσα ἐὰν θελήσῃς μὴ γίνεσθαί σοι, καὶ σὺ
5 ἄλλῳ μὴ ποίει. Λάβετε τὸν λόγον τὸν δυνάμενον σῶσαι τὰς
ψυχὰς ὑμῶν.

SECTION VI

Ἄνθρωπός τις ὅτε ἤκουσεν ὅτι Ἰησοῦς ἤρχετο ἐκ τῆς Ἰουδαίας
εἰς τὴν Γαλιλαίαν, ἀπῆλθεν πρὸς αὐτὸν λέγων· ὁ υἱός μου μέλλει
10 ἀποθνήσκειν. Εἶπεν οὖν ὁ Ἰησοῦς πρὸς αὐτόν· ἐὰν μὴ δυνάμεις
ἴδῃς, οὐ πιστεύσεις. Λέγει πρὸς αὐτὸν ὁ ἄνθρωπος· κύριε, ἔρχου
πρὸ τοῦ ἀποθανεῖν τὸν υἱόν μου. Λέγει αὐτῷ ὁ Ἰησοῦς· πορεύου,
ὁ υἱός σου ζῇ. Ἐπίστευσεν ὁ ἄνθρωπος τῷ λόγῳ ὃν εἶπεν αὐτῷ
ὁ Ἰησοῦς, καὶ ἐπορεύετο. Καὶ ἐν τῇ ὁδῷ ὄντος αὐτοῦ, ἦλθον
15 δοῦλοι ἀπὸ τοῦ ἰδίου οἴκου λέγοντες ὅτι ὁ υἱὸς αὐτοῦ ζῇ. Καὶ ὁ
ἄνθρωπος εἶπεν· ἐν ἀληθείᾳ οὗτός ἐστιν ὁ υἱὸς τοῦ θεοῦ.

Τότε ἀπελθόντες οἱ Φαρισαῖοι ἀποστέλλουσιν τῷ Ἰησοῦ τοὺς
μαθητὰς αὐτῶν λέγοντας· κύριε, οἴδαμεν ὅτι ἀγαθὸς εἶ καὶ τὴν
ὁδὸν τοῦ θεοῦ ἐν ἀληθείᾳ λαλεῖς· εἰπὸν οὖν ἡμῖν· τί ἐστιν ἀλήθεια;
20 Ἀπεκρίθη ὁ Ἰησοῦς· ἔρχεσθε καὶ ὄψεσθε. Ἐγὼ γάρ εἰμι ἡ ὁδὸς
καὶ ἡ ἀλήθεια καὶ ἡ ζωή. Λέγει δέ τις αὐτῷ· κύριε, πῶς οἴδαμεν
τὴν ὁδόν; Ἀπεκρίθη καὶ εἶπεν· ἃ ἐγὼ ἑώρακα παρὰ τῷ πατρὶ
λαλῶ. Οὐχ ὅτι τὸν πατέρα ἑώρακέν τις, εἰ μὴ ὁ ὢν παρὰ τοῦ
θεοῦ, οὗτος ἑώρακεν τὸν πατέρα. Ἀμὴν ἀμὴν λέγω ὑμῖν, ὁ
25 πιστεύων εἰς τὸν υἱὸν ὄψεται ζώην καὶ ζήσει εἰς τὸν αἰῶνα.

Ἀνὴρ δέ τις ὀνόματι Σίμων ἦν ἐν τῇ πόλει λέγων εἶναί τινα
ἑαυτὸν μέγαν. Καὶ οἱ πολλοὶ ἔλεγον· οὗτός ἐστιν ἡ δύναμις τοῦ
θεοῦ ἡ καλουμένη μεγάλη. Ὅτε δὲ ἐπίστευσαν τῷ Φιλίππῳ
λαλοῦντι περὶ τῆς βασιλείας τοῦ θεοῦ καὶ τοῦ ὀνόματος Ἰησοῦ
30 Χριστοῦ, ἐβαπτίζοντο ἄνδρες τε καὶ γυναῖκες. Ὁ Σίμων καὶ αὐτὸς
ἐπίστευσεν, καὶ ἐβαπτίσθη καὶ ἦν σὺν τῷ Φιλίππῳ. Ὁρῶν δὲ
ὁ Σίμων τὰς δυνάμεις ἃς οἱ μαθηταὶ ἐποίησαν διὰ τοῦ πνεύματος,
εἶπεν αὐτοῖς· δότε κάμοὶ τὴν ἐξουσίαν ταύτην. Πέτρος δὲ εἶπεν
πρὸς αὐτόν· οὔ. Ὅλη γὰρ ἡ καρδία σου οὐκ ἔστιν ἀγαθή.

Πορευομένων δὲ αὐτῶν ἐν τῇ Γαλιλαίᾳ, εἶπεν αὐτοῖς ὁ Ἰησοῦς·
μέλλει ὁ υἱὸς τοῦ ἀνθρώπου παραδίδοσθαι εἰς χεῖρας ἀνθρώπων·
καὶ αὐτὸς ἀποθνήσκει· καὶ μετὰ ταῦτα ἐγερθήσεται. Καὶ δώσει
αὐτῷ κύριος ὁ θεὸς τὴν βασιλείαν Δαυὶδ τοῦ πατρὸς αὐτοῦ, καὶ
βασιλεύσει ἐπὶ τὸν οἶκον Ἰακὼβ εἰς τοὺς αἰῶνας. Καὶ ὅτε ἤκουσαν 5
ταῦτα, εἶπαν· πῶς ἔσται ταῦτα; Καὶ ἀπεκρίθη· πᾶς ὁ βασιλεύων
ἐπὶ τὸν ἴδιον οἶκον μέλλει εἰσελθεῖν εἰς τὴν βασιλείαν.
Ὁ Ἰησοῦς ἐν τῷ κόσμῳ ἦν, καὶ ὁ κόσμος δι᾽ αὐτοῦ ἐγένετο,
καὶ ὁ κόσμος αὐτὸν οὐκ ἔγνω. Εἰς τὰ ἴδια ἦλθεν, καὶ οἱ ἴδιοι
αὐτὸν οὐ παρέλαβον. Ὅσοι δὲ ἔλαβον αὐτόν, ἔδωκεν αὐτοῖς ὄνομα 10
ἀγαθόν. Καὶ εἶπεν· γράψω ἐπ᾽ αὐτὸν τὸ ὄνομα τοῦ θεοῦ μου,
καὶ τὸ ὄνομα τῆς πόλεως τοῦ θεοῦ μου. Τοῦτο δὲ ὅλον γέγονεν
ἵνα πιστεύητε, καὶ ποιῆτε πάντα ἃ ἐλάλησεν. Καὶ ἀγαπήσεις
κύριον τὸν θεόν σου ἐν ὅλῃ τῇ καρδίᾳ σου καὶ ἐν ὅλῃ τῇ ψυχῇ σου.
Ὁ Παῦλος ἔγραψεν· καθὼς δι᾽ ἑνὸς ἀνθρώπου ἡ ἁμαρτία εἰς 15
τὸν κόσμον εἰσῆλθεν, καὶ διὰ τῆς ἁμαρτίας ὁ θάνατος, καὶ οὕτως
εἰς πάντας ἀνθρώπους ὁ θάνατος διῆλθεν· καὶ ἐβασίλευσεν ὁ
θάνατος ἀπὸ Ἀδὰμ ἕως Μωϋσέως. Εἰ γὰρ τῇ τοῦ Ἀδὰμ ἁμαρτίᾳ
οἱ πολλοὶ ἀπέθανον, ἐν δὲ τῷ τοῦ Χριστοῦ θανάτῳ ἡ χάρις τοῦ
θεοῦ εἰς τοὺς πολλούς. Εἰ γὰρ τῇ τοῦ ἑνὸς ἁμαρτίᾳ ὁ θάνατος 20
ἐβασίλευσεν διὰ τοῦ ἑνός, διὰ τοῦ ἑνὸς καὶ οἱ τὴν χάριν λαμβά-
νοντες βασιλεύσουσιν εἰς τὸν αἰῶνα.

SECTION VII

Καὶ ἐγένετο ὅτε ἐδίδαξεν ὁ Ἰησοῦς πάντας τοὺς λόγους τούτους,
εἶπεν τοῖς μαθηταῖς αὐτοῦ· οἴδατε ὅτι μετὰ δύο ἡμέρας τὸ πάσχα 25
γίνεται, καὶ ὁ υἱὸς τοῦ ἀνθρώπου παραδίδοται. Οἱ δὲ μαθηταὶ
ἀπεκρίθησαν· πῶς θέλεις φαγεῖν τὸ πάσχα; Ὁ δὲ εἶπεν· πορεύετε
εἰς τὴν πόλιν πρὸς ἄνθρωπόν τινα καὶ εἴπατε αὐτῷ· ὁ κύριος
λέγει· πρὸς σὲ ποιῶ τὸ πάσχα μετὰ τῶν μαθητῶν μου. Καὶ
ἐποίησαν οἱ μαθηταὶ ὡς ἐδίδασκεν αὐτοῖς ὁ Ἰησοῦς. 30
Καὶ ἐσθιόντων αὐτῶν, εἶπεν· ἀμὴν λέγω ὑμῖν ὅτι εἷς ἐξ ὑμῶν
παραδώσει με. Ὁ μὲν υἱὸς τοῦ ἀνθρώπου πορεύεται καθὼς
γέγραπται περὶ αὐτοῦ, οὐαὶ δὲ τῷ ἀνθρώπῳ ἐκείνῳ δι᾽ οὗ ὁ
υἱὸς τοῦ ἀνθρώπου παραδίδοται. Καλὸν ἦν αὐτῷ εἰ οὐκ ἐγεννήθη

ὁ ἄνθρωπος ἐκεῖνος. Ἀποκριθεὶς δὲ Ἰούδας ὁ παραδιδοὺς αὐτὸν
εἶπεν· μὴ ἐγώ εἰμι, ῥαββί; Λέγει αὐτῷ· σὺ εἶπας.

Ἐσθιόντων δὲ αὐτῶν, λαβὼν ὁ Ἰησοῦς ἄρτον καὶ δοὺς τοῖς
μαθηταῖς εἶπεν· λάβετε, φάγετε· τοῦτό ἐστιν τὸ σῶμά μου. Καὶ
5 πάλιν διδάσκει αὐτούς, λέγων· τοῦτο γάρ ἐστιν τὸ αἷμά μου
τὸ ὑπὲρ ὑμῶν διδόμενον. Τότε εἶπεν· οὗτοι οἱ λόγοι μου οὓς
ἐλάλησα πρὸς ὑμᾶς ἔτι ὢν σὺν ὑμῖν.

Τότε ἔρχεται μετ' αὐτῶν ὁ Ἰησοῦς εἰς τόπον λεγόμενον Γεθση-
μανί. Καὶ ἔτι αὐτῶν λαλούντων, ἰδοὺ Ἰούδας εἷς τῶν μαθητῶν
10 ἦλθεν, καὶ μετ' αὐτοῦ ὄχλος πολὺς ἀπὸ τῶν ἀρχιερέων. Ὁ δὲ
παραδιδοὺς αὐτὸν προσελθὼν τῷ Ἰησοῦ εἶπεν· χαῖρε, ῥαββί.
Τότε προσελθόντες οἱ πολλοὶ ἐπέβαλον τὰς χεῖρας ἐπὶ τὸν Ἰησοῦν.

Ὥρας δὲ γενομένης, ἐλάλουν πρὸς ἀλλήλους πάντες οἱ ἀρχιερεῖς
κατὰ τοῦ Ἰησοῦ ζητοῦντες τὸν θάνατον αὐτοῦ. Καὶ αἴροντες
15 αὐτὸν παρέδωκαν Πιλάτῳ. Τότε ἰδὼν Ἰούδας ὁ παραδοὺς αὐτὸν
ὅτι Ἰησοῦς κατεκρίθη, ἦλθεν πρὸς τοὺς ἀρχιερεῖς λέγων· παρέ-
δωκα αἷμα ἅγιον. Οἱ δὲ εἶπον· τί πρὸς ἡμᾶς; Σὺ ὄψῃ. Καὶ ὁ
Ἰούδας ἀπελθὼν ἀπέθανεν διὰ τοῦ ἰδίου χειρός.

Καὶ ὁ Πιλᾶτος εἶπεν τῷ Ἰησοῦ· σὺ εἶ ὁ βασιλεὺς τῶν Ἰουδαίων;
20 ὁ δὲ Ἰησοῦς λέγει· σὺ λέγεις. Ἐγὼ εἰς τοῦτο γεγέννημαι καὶ εἰς
τοῦτο ἐλήλυθα εἰς τὸν κόσμον. Ἀλλὰ τοῖς λόγοις τῶν ἀρχιερέων
οὐδὲν ἀπεκρίνατο Ἰησοῦς. Φοβούμενος τὸν ὄχλον ὁ Πιλᾶτος
εἶπεν· οὐκ ἐπ' ἐμὲ τὸ αἷμα τούτου· ὑμεῖς ὄψεσθε. Λάβετε αὐτὸν
ὑμεῖς, καὶ κατὰ τὸν νόμον ὑμῶν κρίνατε αὐτόν. Καὶ ἀποκριθεὶς
25 πᾶς ὁ λαὸς εἶπεν· τὸ αἷμα αὐτοῦ ἐφ' ἡμᾶς καὶ ἐπὶ τὰ τέκνα ἡμῶν.

Ἐξελθὼν ὁ Ἰησοῦς εἶδεν πολὺν ὄχλον, καὶ ἐδίδαξεν αὐτοὺς
πολλά. Ἀλλ' ἐλάλουν πρὸς ἀλλήλους ὅτι ἄρτους οὐκ ἔχουσιν.
Λέγει τῷ Ἰησοῦ εἷς ἐκ τῶν μαθητῶν αὐτοῦ, Ἀνδρέας ὁ ἀδελφὸς
Σίμωνος Πέτρου· ἔστιν τέκνον ὃς ἔχει ε̄ ἄρτους. Ὁ δὲ Ἰησοῦς
30 εἶπεν· οὐ γάρ ἐστιν καλὸν λαβεῖν τὸν ἄρτον τῶν τέκνων.

Ὁ πατὴρ ὑμῶν ὁ ἐν τοῖς οὐρανοῖς οἶδεν ὑμῶν τὰ καλὰ ἔργα·
καὶ αὐτὸς εἶπεν διὰ τοῦ υἱοῦ αὐτοῦ· καλόν ἐστίν σε εἰσελθεῖν εἰς
τὴν ζωὴν ἕνα πόδα ἔχοντα, ἢ τοὺς δύο πόδας ἔχοντα εἰσελθεῖν
εἰς τὴν γέενναν. Καλόν σέ ἐστιν ἕνα ὀφθαλμὸν ἔχοντα εἰσελθεῖν
35 εἰς τὴν βασιλείαν τοῦ θεοῦ, ἢ δύο ὀφθαλμοὺς ἔχοντα εἰσελθεῖν εἰς
τὴν γέενναν.

Ὁρᾶτε, ἀδελφοί, πῶς μεγάλη ἐστὶν ἡ ἀγάπη. Ἐν ἀγάπῃ προσελάβετο ἡμᾶς ὁ θεὸς διὰ τὴν ἀγάπην ἣν ἔσχεν πρὸς ἡμᾶς. Τὸ αἷμα αὐτοῦ ἔδωκεν ὑπὲρ ἡμῶν Ἰησοῦς Χριστὸς ὁ κύριος ἡμῶν, καὶ τὴν σάρκα ὑπὲρ τῆς σαρκὸς ἡμῶν καὶ δι' ἀγάπης τὴν ψυχὴν ὑπὲρ τῶν ψυχῶν ἡμῶν. Ἀγαπῶμεν οὖν ἀλλήλους, ἵνα 5 ἔλθωμεν πάντες εἰς τὴν βασιλείαν τοῦ θεοῦ.

Ὁ Παῦλος εἶπεν· ἐγώ εἰμι ἀνὴρ Ἰουδαῖος, γεγεννημένος ἐν Ταρσῷ τῆς Κιλικίας, ἐδιδάχθην δὲ ἐν τῇ πόλει ταύτῃ, παρὰ τοὺς πόδας Γαμαλιήλ.

Ἐλιοὺδ δὲ ἐγέννησεν τὸν Ἐλεάζαρ· Ἐλεάζαρ δὲ ἐγέννησεν τὸν 10 Ματθάν· Ματθὰν δὲ ἐγέννησεν τὸν Ἰακώβ· Ἰακὼβ δὲ ἐγέννησεν τὸν Ἰωσὴφ τὸν ἄνδρα Μαρίας, ἐξ ἧς ἐγεννήθη Ἰησοῦς ὁ λεγό-μενος χριστός. Ὡς γὰρ ἄγγελος κυρίου εἶπεν τῷ Ἰωσήφ· Ἰωσὴφ υἱὸς Δαυίδ, μὴ φοβηθῇς παραλαβεῖν Μαρίαν τὴν γυναῖκά σου· τὸ γὰρ ἐν αὐτῇ γεννηθὲν ἐκ πνεύματός ἐστιν ἁγίου. 15

Ὁ Μωϋσῆς ἰδὼν ἄγγελον ἐν Σινᾶ ἐφοβεῖτο. Καὶ ἐγένετο φωνὴ κυρίου· ἐγὼ ὁ θεὸς τῶν πατέρων σου, ὁ θεὸς Ἀβραὰμ καὶ Ἰσαὰκ καὶ Ἰακώβ. Εἶπεν δὲ αὐτῷ ὁ κύριος· ἰδοὺ ὁ τόπος ἐφ' ᾧ ἕστηκας γῆ ἁγία ἐστίν.

Ἐν τῇ Ἀποκαλύψει Ἰωάνου γέγραπται· καὶ εἶδον ἄγγελον 20 ἐρχόμενον ἐκ τοῦ οὐρανοῦ ὃς ἔθηκεν τὸν μὲν πόδα αὐτοῦ ἐπὶ τῆς θαλάσσης, καὶ τὸν δὲ ἐπὶ τῆς γῆς. Καὶ ὁ ἄγγελος ὃν εἶδον ἑστῶτα ἐπὶ τῆς θαλάσσης καὶ ἐπὶ τῆς γῆς, ἦρεν τὴν χεῖρα αὐτοῦ εἰς τὸν οὐρανόν, καὶ εἶπεν ὅτι θάλασσα οὐκέτι ἔσται.

Μετὰ δὲ ταῦτα Ἰωσὴφ ἀπὸ Ἀριμαθαίας (ὢν μαθητὴς τοῦ 25 Ἰησοῦ) ἐζήτει τὸ σῶμα Ἰησοῦ ἀπὸ Πιλάτου· καὶ Πιλᾶτος αὐτὸ ἔδωκεν αὐτῷ. Ἦλθεν οὖν καὶ ἦρεν τὸ σῶμα.

Ἰωάνης ὁ τοῦ Ἀποκαλύψεως εἶδεν τὸν κύριον, ὡς γέγραπται· καὶ ὅτε εἶδον αὐτόν, ἔπεσα πρὸς τοὺς πόδας αὐτοῦ ὡς νεκρός· καὶ ἔθηκεν τὴν χεῖρα αὐτοῦ ἐπ' ἐμὲ λέγων· μὴ φοβοῦ· ἐγώ εἰμι ὁ ζῶν. 30 Καὶ ἐγενόμην νεκρὸς καὶ ἰδοὺ ζῶν εἰμι εἰς τοὺς αἰῶνας τῶν αἰώνων. Γράψον οὖν ἃ εἶδες καὶ ἃ εἰσὶν καὶ ἃ μέλλει γενέσθαι μετὰ ταῦτα.

Μετὰ ταῦτα ἦλθεν ὁ Ἰησοῦς πρὸς τοὺς μαθητὰς αὐτοῦ περι-πατῶν ἐπὶ τὴν θάλασσαν. Οἱ δὲ μαθηταὶ ἰδόντες αὐτὸν ἐπὶ τῆς θαλάσσης περιπατοῦντα ἐφοβήθησαν. Ἐλάλησεν δὲ ὁ Ἰησοῦς 35 αὐτοῖς λέγων· εἰρήνη ὑμῖν, ἐγώ εἰμι· μὴ φοβεῖσθε.

Καὶ ἔρχεται εἷς τῶν ἀρχιερέων, ὀνόματι Ἰάϊρος, καὶ ἰδὼν τὸν
Ἰησοῦν πίπτει πρὸς τοὺς πόδας αὐτοῦ. Καὶ παρακαλεῖ αὐτὸν
πολλὰ λέγων· τὸ τέκνον μου ἀποθνήσκει· ἔρχου καὶ ἐπίθες τὰς
χεῖρας αὐτῇ, ἵνα σωθῇ καὶ ζήσῃ. Καὶ ἀπῆλθεν ὁ Ἰησοῦς μετ'
5 αὐτοῦ.

Μετὰ ταῦτα εἶδον, λέγει Ἰωάνης, ἄλλον ἄγγελον ἐρχόμενον
ἐκ τοῦ οὐρανοῦ, ἔχοντα ἐξουσίαν μεγάλην, καὶ ἡ γῆ ἐφοβήθη
τὴν δόξαν αὐτοῦ. Καὶ λέγει ἐν φωνῇ μεγάλῃ· ἔπεσεν ἔπεσεν
Βαβυλὼν ἡ μεγάλη.

10 Ὃ ἀκηκόαμεν, ὃ ἑωράκαμεν τοῖς ὀφθαλμοῖς ἡμῶν περὶ τοῦ
λόγου τῆς ζωῆς, λέγομεν καὶ ὑμῖν. Καθὼς γὰρ ἐκεῖνος περιεπάτησεν,
δεῖ ἡμᾶς οὕτως περιπατεῖν. Καὶ ἐν τούτῳ οἴδαμεν ὅτι ἐν αὐτῷ
ἐσμεν, ὅτι ἀγαπῶμεν τοὺς ἀδελφούς. Χάρις ὑμῖν καὶ εἰρήνη ἀπὸ
θεοῦ πατρὸς ἡμῶν· ὁ δὲ θεὸς τῆς εἰρήνης μετὰ πάντων ὑμῶν.

15 ## SECTION VIII

Τότε προσῆλθον αὐτῷ τέκνα, ἵνα τὰς χεῖρας ἐπιθῇ αὐτοῖς καὶ
προσεύξηται· οἱ δὲ μαθηταὶ ἤθελον ἐκβάλλειν τὰ τέκνα. Ὁ δὲ
Ἰησοῦς εἶπεν· ἄφετε τὰ τέκνα ἐλθεῖν πρός με· τῶν γὰρ αὐτῶν
ἐστιν ἡ βασιλεία τῶν οὐρανῶν. Καὶ ἐπιθεὶς τὰς χεῖρας αὐτοῖς
20 προσηύξατο.

Ὁ δὲ Ἰησοῦς ἰδὼν τοὺς ὄχλους ἀνέβη εἰς τὸ ὄρος· καὶ καθη-
μένου αὐτοῦ, προσῆλθαν αὐτῷ οἱ μαθηταὶ αὐτοῦ· καὶ ἐδίδασκεν
αὐτοὺς λέγων· ἔχετε πίστιν θεοῦ. Ἀμὴν λέγω ὑμῖν ὅτι ὃς ἂν εἴπῃ
τῷ ὄρει τούτῳ· βλήθητι εἰς τὴν θάλασσαν, καὶ πιστεύῃ ὅτι ὃ
25 λαλεῖ γίνεται, ἔσται αὐτῷ. Διὰ τοῦτο λέγω ὑμῖν· πάντα ὅσα
προσεύχεσθε, πιστεύετε ὅτι ἐλάβετε, καὶ ἔσται ὑμῖν. Καὶ ὅταν
προσεύχησθε, ἀφίετε εἴ τι ἔχετε κατά τινος, ἵνα καὶ ὁ πατὴρ
ὑμῶν ἀφῇ ὑμῖν.

Τότε ἦλθεν ὁ Ἰησοῦς ἀπὸ τῆς Γαλιλαίας ἐπὶ τὸν Ἰορδάνην
30 ὅπου ὁ Ἰωάνης ἐβάπτιζεν. Καὶ προσέρχεται πρὸς τὸν Ἰωάνην
τοῦ βαπτισθῆναι ὑπ' αὐτοῦ. Ὁ δὲ Ἰωάνης ἔλεγεν· δεῖ με ὑπὸ
σοῦ βαπτισθῆναι, καὶ σὺ ἔρχῃ πρὸς μέ; Ἀποκριθεὶς δὲ ὁ Ἰησοῦς
εἶπεν αὐτῷ· ἄφες νῦν· οὕτως γὰρ ἀγαθόν ἐστιν ἡμῖν πληρῶσαι

πᾶσαν δικαιοσύνην. Τότε ἀφίησιν αὐτόν. Τοῦτο δὲ ὅλον γέγονεν
ἵνα πληρωθῶσιν πάντα τὰ γεγραμμένα ἐν τῷ νόμῳ Μωϋσέως.
Ὁ γὰρ πᾶς νόμος ἐν ἑνὶ λόγῳ πεπλήρωται, ἐν τῷ· ἡ χάρις βασι-
λεύσει διὰ δικαιοσύνης εἰς ζωήν.
Εἶπεν ὁ κύριος· ὃς ἂν θέλῃ ἐν ὑμῖν μέγας γενέσθαι, ἔσται ὑμῶν 5
δοῦλος· εἴ τις θέλει πρῶτος εἶναι, ἔσται πάντων δοῦλος.
Τὸν μὲν πρῶτον λόγον ἐποιησάμην περὶ πάντων, ὦ Θεόφιλε,
ὧν ἤρξατο ὁ Ἰησοῦς ποιεῖν τε καὶ διδάσκειν.
Καὶ ἤρξατο ὁ Ἰησοῦς λέγειν τοῖς ὄχλοις περὶ Ἰωάνου· τί
ἐξήλθατε ἐκεῖ ἰδεῖν; Ἄνθρωπον ὄντα ἐν ταῖς οἰκίαις τῶν βασιλέων; 10
Ἀλλὰ οὗτός ἐστιν Ἡλίας ὁ μέλλων ἔρχεσθαι.
Καὶ ὁ Ἰησοῦς καλέσας τοὺς μαθητὰς αὐτοῦ ἔδωκεν αὐτοῖς
ἐξουσίαν πνευμάτων ὥστε ἐκβάλλειν αὐτά. Τούτους ἀπέστειλεν ὁ
Ἰησοῦς λέγων· εἰς ὁδὸν ἐθνῶν μὴ ἀπέλθητε, καὶ εἰς πόλιν Σαμα-
ριτῶν μὴ εἰσέλθητε· πορεύεσθε δὲ πρὸς τοὺς ἀπολωλότας οἴκου 15
Ἰσραήλ. Εἰς ἣν δ᾽ ἂν πόλιν εἰσέλθητε, εἰσερχόμενοι εἰς τὴν πρώτην
οἰκίαν, εἴπατε· εἰρήνη ὑμῖν. Καὶ ἐὰν ᾖ ἐκεῖ υἱὸς εἰρήνης, ἐλθάτω
ἐπ᾽ αὐτὸν ἡ εἰρήνη ὑμῶν. Ἐκεῖ δὲ μείνατε ἕως ἂν ἐξέλθητε· μὴ
ἔρχεσθε ἐξ οἰκίας εἰς οἰκίαν.
Δοθήσεται γὰρ ὑμῖν ἐν ἐκείνῃ τῇ ὥρᾳ ἃ δεῖ εἰπεῖν· οὐ γὰρ 20
ὑμεῖς ἐστε οἱ λαλοῦντες, ἀλλὰ τὸ πνεῦμα τοῦ πατρὸς ὑμῶν τὸ
λαλοῦν ἐν ὑμῖν. Παραδώσει δὲ ἀδελφὸς ἀδελφὸν εἰς θάνατον καὶ
πατὴρ τέκνον.
Οὕτως γὰρ ἠγάπησεν ὁ θεὸς τὸν κόσμον, ὥστε τὸν υἱὸν ἔδωκεν,
ἵνα πᾶς ὁ πιστεύων εἰς αὐτὸν μὴ ἀπόληται ἀλλ᾽ ἔχῃ ζωήν, ἵνα 25
ἡμεῖς γενώμεθα δικαιοσύνη θεοῦ ἐν αὐτῷ. Καθὼς εἶπεν ὁ κύριος·
ζητεῖτε δὲ πρῶτον τὴν βασιλείαν τοῦ θεοῦ καὶ τὴν δικαιοσύνην
αὐτοῦ, καὶ ταῦτα πάντα ἀκολουθήσουσιν.
Ὁ δὲ Ἰησοῦς εἶπεν ἑκάστῳ τῶν μαθητῶν· ἀκολούθει μοι· καὶ
ἠκολούθησαν αὐτῷ οἱ μαθηταὶ αὐτοῦ. Μαθητής τις ἔλεγεν αὐτῷ· 30
κύριε, ἀκολουθήσω σοι ὅπου ἐὰν ἀπέρχῃ.
Καὶ ἐξελθὼν ἐκεῖθεν ὁ Ἰησοῦς ἦλθεν παρὰ τὴν θάλασσαν τῆς
Γαλιλαίας, καὶ ἀναβὰς εἰς τὸ ὄρος ἐκάθητο ἐκεῖ. Καὶ τῷ καιρῷ
ἐκείνῳ εἶπεν· τίς γύνη δραχμὰς ἔχουσα ῑ, ἐὰν ἀπολέσῃ δραχμὴν
μίαν, οὐχὶ ζητεῖ ἕως ἂν εὕρῃ; Καὶ εὑροῦσα συγκαλεῖ τὸν ἄνδρα 35
αὐτῆς λέγουσα· χαῖρε, ὅτι εὗρον τὴν δραχμὴν ἣν ἀπώλεσα.

Μέλλων δὲ ἀναβαίνειν Ἰησοῦς εἰς Ἱεροσόλυμα παρέλαβεν τοὺς
μαθητὰς καὶ ἐν τῇ ὁδῷ εἶπεν αὐτοῖς· ἰδοὺ ἀναβαίνομεν εἰς Ἱεροσό-
λυμα, καὶ ὁ υἱὸς τοῦ ἀνθρώπου παραδοθήσεται τοῖς ἀρχιερεῦσιν,
καὶ κατακρινοῦσιν αὐτὸν εἰς θάνατον, καὶ παραδώσουσιν αὐτὸν
5 τοῖς ἔθνεσιν· ἀλλ’ ἐγερθήσεται ἐκ νεκρῶν.

Ἀρξάμενος δὲ ὁ Πέτρος ἔλεγεν τοῖς Ἰουδαίοις· ὑμεῖς οἴδατε ὅτι
ὁ θεὸς ἔδωκεν τῷ Ἰησοῦ τῷ ἀπὸ Ναζαρὲθ πνεῦμα ἅγιον, ὅτι ὁ
θεὸς ἦν μετ’ αὐτοῦ. Ἔτι λαλοῦντος τοῦ Πέτρου τοὺς λόγους
τούτους, ἔπεσεν τὸ πνεῦμα τὸ ἅγιον ἐπὶ πάντας τοὺς ἀκούοντας
10 τὸν λόγον.

Καὶ τῷ καιρῷ ἐκείνῳ ἐσθιόντων τῶν μαθητῶν, ὁ Ἰησοῦς εἶπεν·
ἀμὴν λέγω ὑμῖν ὅτι εἷς ἐξ ὑμῶν παραδώσει με. Καὶ ἤρξαντο
λέγειν αὐτῷ εἷς ἕκαστος· μὴ ἐγώ εἰμι, κύριε;

Ἐκβαλὼν δὲ πάντας ὁ Πέτρος προσηύξατο, καὶ προσελθὼν
15 πρὸς τὸ σῶμα εἶπεν· Ταβιθά, ἀνάστηθι. Ἡ δὲ ἰδοῦσα τὸν Πέτρον
ἔλεγεν οὐδέν. Δοὺς δὲ αὐτῇ χεῖρα ἀνέστησεν αὐτήν. Καὶ τοῦτο
ἐγνώσθη δι’ ὅλης τῆς Ἰόππης, ὥστε ἐπίστευσαν πολλοὶ ἐπὶ τὸν
κύριον. Καὶ ἐκπορευομένου Πέτρου ἀπὸ Ἰόππης, ἠκολούθησεν
αὐτῷ ὄχλος πολύς.

20   SECTION IX

Καὶ ἔστιν τοῦτο τὸ εὐαγγέλιον ὃ ἀκηκόαμεν ἀπ’ αὐτοῦ καὶ
μαρτυροῦμεν ὑμῖν, ὅτι ὁ θεὸς φῶς ἐστιν. Ἐὰν εἴπωμεν ὅτι χάριν
ἔχομεν μετ’ αὐτοῦ καὶ ἐν τῷ πονηρῷ περιπατῶμεν, οὐ ποιοῦμεν
τὴν ἀλήθειαν. Ἐὰν δὲ ἐν τῷ φωτὶ περιπατῶμεν ὡς αὐτός ἐστιν
25 ἐν τῷ φωτὶ εἰρήνην ἔχομεν μετ’ ἀλλήλων καὶ τὸ αἷμα Ἰησοῦ τοῦ
υἱοῦ αὐτοῦ βαπτίζει ἡμᾶς ἀπὸ πάσης ἁμαρτίας. Ἐὰν εἴπωμεν
ὅτι ἁμαρτίαν οὐκ ἔχομεν, μαρτυροῦμεν τῷ πονηρῷ καὶ ἡ ἀλήθεια
οὐκ ἔστιν ἐν ἡμῖν.

Τοῦτο τὸ πρῶτον σημεῖον ἐποίησεν ὁ Ἰησοῦς ἐν Κανὰ τῆς
30 Γαλιλαίας, καὶ ἐπίστευσαν εἰς αὐτὸν οἱ μαθηταὶ αὐτοῦ. Τοῦτο
δὲ πάλιν σημεῖον ἐποίησεν ὁ Ἰησοῦς ἐλθὼν ἐκ τῆς Ἰουδαίας εἰς
τὴν Γαλιλαίαν. Πολλὰ μὲν οὖν καὶ ἄλλα σημεῖα ἐποίησεν ὁ Ἰησοῦς
ἐνώπιον τῶν μαθητῶν ἃ οὐκ ἔστιν γεγραμμένα· ταῦτα δὲ γέ-

γραπται ἵνα πιστεύητε ὅτι ᾿Ιησοῦς ἐστιν ὁ χριστὸς ὁ υἱὸς τοῦ θεοῦ, καὶ ἵνα πιστεύοντες ζωὴν ἔχητε ἐν τῷ ὀνόματι αὐτοῦ.

Προσκαλεσάμενοι δὲ οἱ δώδεκα τοὺς μαθητὰς εἶπαν· εὑρίσκετε δέ, ἀδελφοί, ἄνδρας ἑπτὰ ἐξ ὑμῶν οἳ μαρτυρήσουσιν τῷ εὐαγγελίῳ τῆς χάριτος τοῦ θεοῦ. Καὶ ἀγαθὸς ὁ λόγος ἐνώπιον παντὸς 5 τοῦ λαοῦ. Καὶ εὗρον Στέφανον καὶ Φίλιππον καὶ Πρόχορον καὶ Νικάνορα καὶ Τίμωνα καὶ Παρμενᾶν καὶ Νικόλαον, οὓς ἔστησαν ἐνώπιον τῶν ἀποστόλων, καὶ προσευξάμενοι ἐπέθηκαν αὐτοῖς τὰς χεῖρας.

Μηδεὶς τὸ ἑαυτοῦ ζητείτω ἀλλὰ τὸ τοῦ ἑτέρου. Βλέπετε οὖν 10 πῶς περιπατεῖτε, ὅτι αἱ ἡμέραι πονηραί εἰσιν. Οὐ γὰρ δυνάμεθά τι ποιῆσαι κατὰ τῆς ἀληθείας ἀλλὰ ὑπὲρ τῆς ἀληθείας. Μᾶλλον, ἀδελφοί, χαίρετε, καὶ ὁ θεὸς τῆς ἀγάπης καὶ εἰρήνης ἔσται μεθ᾽ ὑμῶν.

Καὶ ἐγένετο αὐτὸν ἐν τοῖς σάββασιν παραπορεύεσθαι μετὰ τῶν μαθητῶν, καὶ οἱ μαθηταὶ αὐτοῦ ἤρξαντο ὁδὸν ποιεῖν. Καὶ 15 οἱ Φαρισαῖοι ἔλεγον αὐτῷ· τί ποιοῦσιν τοῖς σάββασιν ὃ πονηρόν ἐστιν; Καὶ λέγει αὐτοῖς· τὸ σάββατον διὰ τὸν ἄνθρωπον ἐγένετο, καὶ οὐχ ὁ ἄνθρωπος διὰ τὸ σάββατον· ὥστε κύριός ἐστιν ὁ υἱὸς τοῦ ἀνθρώπου καὶ τοῦ σαββάτου.

᾿Εκ τοῦ ὄχλου δὲ πολλοὶ ἐπίστευσαν εἰς αὐτόν, καὶ ἔλεγον· ὁ 20 χριστὸς ὅταν ἔλθῃ, οὐ σημεῖα ποιήσει; ῞Ηκουσαν οἱ Φαρισαῖοι τοῦ ὄχλου λέγοντος περὶ αὐτοῦ ταῦτα, καὶ ἀπέστειλαν οἱ ἀρχιερεῖς καὶ οἱ Φαρισαῖοι ἀνθρώπους καταλαβεῖν αὐτόν. Εἶπεν οὖν ὁ ᾿Ιησοῦς· νῦν ὑπάγω πρὸς τὸν πέμψαντά με. Ζητήσετέ με καὶ οὐχ εὑρήσετε, καὶ ὅπου εἰμὶ ἐγὼ ὑμεῖς οὐ δύνασθε ἐλθεῖν. 25 Εἶπον οὖν οἱ ᾿Ιουδαῖοι πρὸς ἑαυτούς· τίς ἐστιν ὁ λόγος οὗτος ὃν εἶπεν· ζητήσετέ με καὶ οὐχ εὑρήσετε, καὶ ὅπου εἰμὶ ἐγὼ ὑμεῖς οὐ δύνασθε ἐλθεῖν;

Γράφω ὑμῖν ταῦτα ὡς τέκνοις μου. Οὐ πολλοὺς πατέρας ἔχετε ἐν Χριστῷ. ᾿Εν γὰρ Χριστῷ ᾿Ιησοῦ διὰ τοῦ εὐαγγελίου ἐγὼ ὑμᾶς 30 ἐγέννησα. Τοῖς πᾶσιν γέγονα πάντα, ἵνα τινὰς σώσω. Πάντα δὲ ποιῶ διὰ τὸ εὐαγγέλιον.

Οὗτός ἐστιν ὁ ἐλθὼν δι᾽ ὕδατος καὶ αἵματος, ᾿Ιησοῦς Χριστός, καὶ τὸ πνεῦμά ἐστιν τὸ μαρτυροῦν, ὅτι τὸ πνεῦμά ἐστιν ἡ ἀλήθεια. ῞Οτι γ̄ εἰσὶν οἱ μαρτυροῦντες, τὸ πνεῦμα καὶ τὸ ὕδωρ καὶ τὸ αἷμα, 35 καὶ οἱ γ̄ εἰς τὸ ἕν εἰσιν.

'Ιησοῦς ἔδωκεν ὀνόματα τοῖς δώδεκα ἀποστόλοις, καὶ τούτους
τοὺς δώδεκα ἀποστόλους ἀπέστειλεν εἰς τὰς πόλεις 'Ιουδαίας.

Καὶ ἔρχονται Σαδδουκαῖοι πρὸς αὐτὸν λέγοντες· κύριε, Μωϋσῆς
ἔγραψεν ἡμῖν ὅτι ἐάν τινος ἀδελφὸς ἀποθάνῃ καὶ ἀφῇ γυναῖκα
5 καὶ μὴ ἀφῇ τέκνον, ἵνα λάβῃ ὁ ἀδελφὸς αὐτοῦ τὴν γυναῖκα καὶ
ἀναστήσῃ τέκνον τῷ ἀδελφῷ αὐτοῦ. Ἑπτὰ ἀδελφοὶ ἦσαν· καὶ
ὁ πρῶτος ἔλαβεν γυναῖκα, καὶ ἀποθνήσκων οὐκ ἀφῆκεν τέκνα.
Καὶ ἄλλος ἔλαβεν αὐτήν, ἕως τῶν ἑπτά. Καὶ οἱ ἑπτὰ οὐκ ἀφῆκαν
τέκνα. Μετὰ ταῦτα καὶ ἡ γυνὴ ἀπέθανεν. Ἐν τῇ βασιλείᾳ, ὅταν
10 ἀναστῶσιν, τίνος αὐτῶν ἔσται γυνή; Οἱ γὰρ ἑπτὰ ἔσχον αὐτὴν
γυναῖκα. Εἶπεν αὐτοῖς ὁ 'Ιησοῦς· οὐκ οἴδατε τὴν ἀλήθειαν, ὅταν
γὰρ ἐκ νεκρῶν ἀναστῶσιν, εἰσὶν ὡς ἄγγελοι ἐν τοῖς οὐρανοῖς.

Εἶπεν οὖν τοῖς 'Ιουδαίοις ὁ 'Ιησοῦς· ἀμὴν ἀμὴν λέγω ὑμῖν ὅτι
καὶ ἑωράκατέ με καὶ οὐ πιστεύετε. Καταβέβηκα ἀπὸ τοῦ οὐρανοῦ
15 ἵνα πᾶς ὁ πιστεύων εἰς ἐμὲ ἔχῃ ζωήν. Καὶ οὐδεὶς ἀναβέβηκεν εἰς
τὸν οὐρανὸν εἰ μὴ ὁ ἐκ τοῦ οὐρανοῦ καταβάς. Διὰ τοῦτο οὖν
μᾶλλον ἐζήτουν αὐτὸν οἱ 'Ιουδαῖοι ἀποκτεῖναι ὅτι καὶ πατέρα
ἑαυτοῦ ἔλεγεν τὸν θεὸν εἶναι.

Λέγει οὖν αὐτοῖς ὁ 'Ιησοῦς· ὁ ἀφ' ἑαυτοῦ λαλῶν τὴν δόξαν
20 ἑαυτοῦ ζητεῖ· ὁ δὲ ζητῶν τὴν δόξαν τοῦ πέμψαντος αὐτόν, οὗτος
υἱὸς τοῦ ἀνθρώπου ἐστίν. Οὐ Μωϋσῆς ἔδωκεν ὑμῖν τὸν νόμον;
Καὶ οὐδεὶς ἐξ ὑμῶν ποιεῖ τὸν νόμον. Τί με ζητεῖτε ἀποκτεῖναι;
'Απεκρίθη ὁ ὄχλος· τίς σε ζητεῖ ἀποκτεῖναι;

Τίς ὁ κρίνων ἡμᾶς; Χριστὸς 'Ιησοῦς ὁ ἀποθανών, μᾶλλον δὲ
25 ἐγερθείς.

Εἶπεν ὁ 'Ιησοῦς τοῖς ἑαυτοῦ μαθηταῖς· ἀμὴν ἀμὴν λέγω ὑμῖν,
ὁ λαμβάνων τὸν ἄνθρωπον ὃν πέμψω ἐμὲ λαμβάνει, ὁ δὲ ἐμὲ
λαμβάνων λαμβάνει τὸν πέμψαντά με. 'Αμὴν ἀμὴν λέγω ὑμῖν,
ὡς τὸ φῶς ἔχετε, πιστεύετε εἰς τὸ φῶς, ἵνα υἱοὶ φωτὸς γένησθε.
30 Πάλιν εἶπεν· καὶ τὴν φωνὴν τοῦ πνεύματος ἀκούεις, ἀλλ' οὐκ
οἶδας πῶς ἔρχεται καὶ ὅπου ὑπάγει· οὕτως ἐστὶν πᾶς ὁ γεγεννη-
μένος ἐκ τοῦ πνεύματος. 'Απεκρίθη Νικόδημος καὶ εἶπεν αὐτῷ·
πῶς δύναται ταῦτα γενέσθαι; Πῶς δύναται ἄνθρωπος γεννηθῆναι
πάλιν; 'Απεκρίθη 'Ιησοῦς· ἀμὴν ἀμὴν λέγω σοι, ἐὰν μή τις
35 γεννηθῇ ἐξ ὕδατος καὶ πνεύματος, οὐ δύναται εἰσελθεῖν εἰς τὴν
βασιλείαν τοῦ θεοῦ.

Τῷ καιρῷ ἐκείνῳ ἀποστείλας Ἰωσὴφ ἐκάλεσεν Ἰακὼβ τὸν πατέρα αὐτοῦ καὶ πᾶσαν τὴν οἰκίαν αὐτοῦ ἀνθρώπους ὅε. Καὶ κατέβη Ἰακὼβ εἰς Αἴγυπτον, καὶ ἀπέθανεν ἐκεῖ αὐτὸς καὶ οἱ πατέρες ἡμῶν.

SECTION X 5

Ταῦτα πάντα ἐλάλησεν ὁ Ἰησοῦς ἐν παραβολαῖς τοῖς ὄχλοις, καὶ χωρὶς παραβολῆς οὐδὲν ἐλάλει αὐτοῖς· ὅπως πληρωθῇ τὸ ῥηθὲν διὰ τοῦ προφήτου λέγοντος· ἀνοίξω ἐν παραβολαῖς τὸ στόμα μου. Τότε ἀφεὶς τοὺς ὄχλους ἦλθεν εἰς τὴν οἰκίαν. Καὶ προσῆλθον αὐτῷ οἱ μαθηταὶ αὐτοῦ, καὶ ἀνοίξας τὸ στόμα αὐτοῦ 10 ἐδίδασκεν αὐτοῖς.

Ἰάκωβος λέγει· τί τὸ ἀγαθόν, ἀδελφοί μου, ἐὰν πίστιν λέγῃ τις ἔχειν ἔργα δὲ μὴ ἔχῃ; Μὴ δύναται ἡ πίστις σῶσαι αὐτόν; Ἀλλ' ἐγώ, λέγει Παῦλος, τὴν πίστιν τετήρηκα· πᾶν γὰρ ὃ οὐκ ἐκ πίστεως ἁμαρτία ἐστίν. 15

Εἶπεν ὁ κύριος τοῖς ἑαυτοῦ μαθηταῖς· ἐὰν τὰς ἐντολάς μου τηρήσητε, μενεῖτε ἐν τῇ ἀγάπῃ τῇ ἐμῇ, καθὼς ἐγὼ τοῦ πατρός μου τὰς ἐντολὰς τετήρηκα καὶ μένω αὐτοῦ ἐν τῇ ἀγάπῃ. Εἰ οἱ πολλοὶ τὸν λόγον τὸν ἐμὸν ἐτήρησαν, καὶ τὸν λόγον ὑμῶν τηρήσουσιν. Ἀλλὰ πάντα ποιήσουσιν ὑμῖν διὰ τὸ ὄνομά μου, 20 ὅτι οὐκ οἴδασιν τὸν πέμψαντά με. Ἐκεῖνοι γὰρ οὐ τηροῦσιν τὰς ἐντολὰς τὰς ἐμάς.

Εἶπεν οὖν τοῖς Ἰουδαίοις ὁ Ἰησοῦς· ἀμὴν ἀμὴν λέγω ὑμῖν, ἐὰν μὴ φάγητε τὴν σάρκα τοῦ υἱοῦ τοῦ ἀνθρώπου καὶ πίητε αὐτοῦ τὸ αἷμα, οὐκ ἔχετε ζωὴν ἐν ἑαυτοῖς. Ὁ πίνων μου τὸ αἷμα ζήσει 25 εἰς τὸν αἰῶνα, κἀγὼ ἀναστήσω αὐτὸν τῇ ἐσχάτῃ ἡμέρα. Ὁ πίνων μου τὸ αἷμα ἐν ἐμοὶ μένει κἀγὼ ἐν αὐτῷ. Ταῦτα εἶπεν ἐν συναγωγῇ διδάσκων ἐν Καφαρναούμ.

Εἶπεν ὁ κύριος· καὶ ἰδοὺ εἰσὶν ἔσχατοι οἳ ἔσονται πρῶτοι καὶ εἰσὶν πρῶτοι οἳ ἔσονται ἔσχατοι. 30

Καὶ ἐγένετο πνεῦμα θεοῦ ἐπὶ Ἰωάνην τὸν Ζαχαρίου υἱόν· καὶ ἀπεκρίνατο λέγων πᾶσιν ὁ Ἰωάνης· ἐγὼ μὲν ὕδατι βαπτίζω ὑμᾶς. Ἔρχεται δὲ ὁ χριστός· αὐτὸς δὲ βαπτίσει ὑμᾶς ἐν πνεύματι ἁγίῳ καὶ πυρί.

Τί οὖν ἐροῦμεν περὶ ᾿Αβραὰμ τοῦ πατρὸς ἡμῶν κατὰ σάρκα; Τί γὰρ ἡ γραφὴ λέγει; ᾿Επίστευσεν δὲ ᾿Αβραὰμ τῷ θεῷ, καὶ ἦν αὐτῷ δικαιοσύνη.

᾿Ηκουσαν δὲ οἱ ἀπόστολοι καὶ οἱ ἀδελφοὶ οἱ ὄντες ἐν τῇ ᾿Ιουδαίᾳ
5 ὅτι καὶ τὰ ἔθνη ἐδέξαντο τὸν λόγον τοῦ θεοῦ. ῞Οτε δὲ ἀνέβη Πέτρος εἰς ᾿Ιερουσάλήμ, ἔλεγον πρὸς αὐτὸν οἱ ᾿Ιουδαῖοι· τί εἰσῆλθες πρὸς τὰ ἔθνη καὶ συνέφαγες αὐτοῖς; ᾿Απεκρίθη δὲ Πέτρος λέγων· ἐγὼ ἤμην ἐν πόλει ᾿Ιόππῃ προσευχόμενος, ἤκουσα δὲ φωνῆς λεγούσης μοι· ἀναστάς, Πέτρε, λάβε καὶ φάγε πᾶν τὸ
10 τιθέμενον ἐνώπιον σοῦ. Εἶπον δέ· οὐχί, κύριε, ὅτι οὐδὲν πονηροῦ εἰσέρχεται εἰς τὸ στόμα μου. Καὶ ἰδοὺ γ̅ ἄνδρες ἤρχοντο πρὸς τὴν οἰκίαν ἐν ᾗ ἤμην, ἀπεσταλμένοι ἀπὸ Καισαρείας πρός με. Εἶπεν δὲ τὸ πνεῦμά μοι συνελθεῖν αὐτοῖς. ῏Ηλθον δὲ σὺν αὐτοῖς, καὶ εἰσήλθομεν εἰς τὸν οἶκον τοῦ ἀνδρός· καὶ εἶδον τὸ πρόσωπον
15 αὐτοῦ ὡς πρόσωπον ἀγγέλου.

Καὶ ἐπληρώθη ἡ γραφὴ ἡ λέγουσα· ἰδοὺ ἐγὼ ἀποστέλλω τὸν ἄγγελόν μου πρὸ προσώπου σου.

Θέλω δὲ ὑμᾶς εἰδέναι ὅτι παντὸς ἀνδρὸς ἡ κεφαλὴ ὁ Χριστός ἐστιν, κεφαλὴ δὲ γυναικὸς ὁ ἀνήρ, κεφαλὴ δὲ τοῦ Χριστοῦ ὁ θεός.
20 Πᾶς ἀνὴρ προσευχόμενος κατὰ κεφαλῆς ἔχων οὐ δίκαιός ἐστιν. Πᾶσα δὲ γυνὴ προσευχομένη μὴ κατὰ κεφαλῆς ἔχουσα οὐ δικαία ἐστίν. ᾿Ανὴρ μὲν γὰρ δόξα θεοῦ ἐστιν· ἡ γυνὴ δὲ δόξα ἀνδρός ἐστιν. Οὐ γάρ ἐστιν ἀνὴρ ἐκ γυναικός, ἀλλὰ γυνὴ ἐξ ἀνδρός· καὶ γὰρ οὐκ ἐδόθη ἀνὴρ διὰ τὴν γυναῖκα, ἀλλὰ γυνὴ διὰ τὸν ἄνδρα.
25 ᾿Αλλὰ οὔτε γυνὴ χωρὶς ἀνδρὸς οὔτε ἀνὴρ χωρὶς γυναικὸς ἐν κυρίῳ· ὡς γὰρ ἡ γυνὴ ἐκ τοῦ ἀνδρός, οὕτως καὶ ὁ ἀνὴρ διὰ τῆς γυναικός· τὰ δὲ πάντα ἐκ τοῦ θεοῦ.

Καὶ ἔρχονται πάλιν εἰς ᾿Ιεροσόλυμα. Καὶ ἐν τῷ ἱερῷ περιπατοῦντος αὐτοῦ, ἔρχονται πρὸς αὐτὸν οἱ ἀρχιερεῖς καὶ οἱ γραμμα-
30 τεῖς καὶ ἔλεγον αὐτῷ· τίς ἐστιν ἐντολὴ πρώτη πάντων; ᾿Απεκρίθη ὁ ᾿Ιησοῦς ὅτι πρώτη ἐστίν· ἄκουε, ᾿Ισραήλ, κύριος εἷς ἐστιν. Καὶ ὁ ᾿Ιησοῦς ἔλεγεν διδάσκων ἐν τῷ ἱερῷ· πῶς λέγουσιν οἱ γραμματεῖς ὅτι ὁ χριστὸς υἱὸς Δαυίδ ἐστιν; Καὶ ἐξελθὼν ὁ ᾿Ιησοῦς ἀπὸ τοῦ ἱεροῦ ὑπάγει.
35 Μετὰ ταῦτα εἶπεν ὁ κύριος τοῖς γραμματεῦσι· ὃς ἂν δέξηται τοῦτο τὸ τέκνον ἐπὶ τῷ ὀνόματί μου, ἐμὲ δέχεται· καὶ ὃς ἂν ἐμὲ

δέξηται, δέχεται τὸν ἀποστείλαντά με. Εἰ δὲ ἐπιστεύετε ταῖς γραφαῖς Μωϋσέως, ἐπιστεύετε ἂν τοῖς ἐμοῖς λόγοις.

Καὶ εἰσῆλθεν Ἰησοῦς καὶ οἱ μαθηταὶ αὐτοῦ εἰς πόλιν Σαμαριτῶν ὥστε μένειν ἐκεῖ· καὶ οὐκ ἐδέξαντο αὐτόν, ὅτι τὸ πρόσωπον αὐτοῦ ἦν πορευόμενον εἰς Ἰερουσαλήμ.   5

Χαίρετε ἐν κυρίῳ· πάλιν ἐρῶ, χαίρετε. Ἐχάρην δὲ ἐν κυρίῳ ὅτι ὑμεῖς πεπιστεύκατε, καὶ ἡ πίστις ὑμῶν σέσωκεν ὑμᾶς.

Ὁ κύριος εἶπεν· αἰτεῖτε, καὶ δοθήσεται ὑμῖν· ζητεῖτε, καὶ εὑρήσετε. Πᾶς γὰρ ὁ αἰτῶν λαμβάνει, καὶ ὁ ζητῶν εὑρίσκει. Ἢ τίς ἐστιν ἐξ ὑμῶν ἄνθρωπος, ὃν αἰτήσει ὁ υἱὸς αὐτοῦ ἄρτον,   10
μὴ λίθον δώσει αὐτῷ; Εἰ οὖν ὑμεῖς πονηροὶ ὄντες οἴδατε τὰ ἀγαθὰ διδόναι τοῖς τέκνοις ὑμῶν ὅτε τὰ τέκνα αἰτοῦσιν, οὐκ ὁ πατὴρ ὑμῶν ὁ ἐν τοῖς οὐρανοῖς δώσει ἀγαθὰ τοῖς αἰτοῦσιν αὐτόν;

Εἶπεν ὁ κύριος· πολλοὶ προφῆται καὶ γραμματεῖς καὶ δίκαιοι ἤθελον ἰδεῖν ἃ βλέπετε καὶ οὐκ εἶδαν· καὶ πολλοὶ δίκαιοι ἤθελον 15
ἀκοῦσαι ἃ ἀκούετε καὶ οὐκ ἤκουσαν. Οὐ γὰρ ἦλθον καλέσαι δικαίους ἀλλὰ πονηρούς.

Καὶ προσκαλεσάμενος τοὺς δώδεκα μαθητὰς αὐτοῦ ἔδωκεν αὐτοῖς ἐξουσίαν κατὰ πνευμάτων ὥστε ἐκβάλλειν αὐτά.

Τί οὖν ἐροῦμεν; Ὁ νόμος ἁμαρτία; Μὴ γένοιτο· ἀλλὰ τὴν 20
ἁμαρτίαν οὐκ ἔγνων εἰ μὴ διὰ νόμου. Ὥστε ὁ μὲν νόμος ἅγιος, καὶ ἡ ἐντολὴ ἁγία καὶ δικαία καὶ ἀγαθή.

Καὶ ὁ διάβολος ἤνοιξεν τὸ στόμα αὐτοῦ κατὰ τοῦ θεοῦ ἀπολέσαι τὸ ὄνομα αὐτοῦ καὶ τὸν χριστὸν αὐτοῦ. Καὶ ἐκ τοῦ στόματος αὐτοῦ ἐκπορεύεται πῦρ. Καὶ ἐκβάλλεται τὸ πῦρ ἐπὶ τοὺς 25
ἀνθρώπους ὅπως αὐτοὺς ἀπολέσῃ. Καὶ ἰδοὺ εἶδον ἄγγελον βάλλοντα λίθον ἐπὶ τὴν γῆν, καὶ εἶπεν· ἰδοὺ τίθημι ἐν Σιὼν λίθον ὅπως πληρωθῇ τὸ ῥηθὲν διὰ τοῦ προφήτου.

Ἰακὼβ δὲ ἠγάπα τὸν Ἰωσὴφ παρὰ πάντας τοὺς υἱοὺς αὐτοῦ· ἐποίησεν δὲ αὐτῷ ἱμάτιον καλόν. Ἰδόντες δὲ οἱ ἀδελφοὶ αὐτοῦ 30
ὅτι αὐτὸν ὁ πατὴρ ἀγαπᾷ ἐκ πάντων τῶν υἱῶν αὐτοῦ, ἔλεγον πρὸς ἀλλήλους· νῦν οὖν ἀποκτείνωμεν αὐτόν. Ἀλλὰ εἶπεν Ἰούδας πρὸς τοὺς ἀδελφοὺς αὐτοῦ· παραδιδῶμεν αὐτὸν τοῖς Ἰσμαηλίταις. Καὶ ἐγένετο ὅτε ἦλθεν Ἰωσὴφ πρὸς τοὺς ἀδελφοὺς αὐτοῦ, παρέδωκαν αὐτὸν εἰς χεῖρας τῶν Ἰσμαηλιτῶν οἳ ἦραν τὸν Ἰωσὴφ καὶ 35
κατῆλθον εἰς Αἴγυπτον. Λαβόντες δὲ τὸ ἱμάτιον τὸ καλὸν οἱ

ἀδελφοὶ τοῦ Ἰωσὴφ ἀπέστειλαν αὐτὸ τῷ πατρὶ αὐτῶν, καὶ
εἶπαν· τοῦτο εὕρομεν· ἐπιγινώσκεις εἰ ἱμάτιον τοῦ υἱοῦ σου ἐστίν,
ἢ οὔ; Καὶ Ἰακὼβ ἐπέγνω αὐτό, καὶ εἶπεν· ἱμάτιον τοῦ υἱοῦ μου
ἐστίν.

5   SECTION XI

Καὶ ὅτε ἐβαπτίσθη ὁ Ἰησοῦς ὑπὸ Ἰωάνου, ἀναβαίνων ἐκ τοῦ
ὕδατος εἶδεν ἀνεῳχθῆναι τὸν οὐρανὸν καὶ καταβῆναι τὸ πνεῦμα
τὸ ἅγιον ἐπ᾿ αὐτόν· καὶ φωνὴ ἐγένετο ἐκ τοῦ οὐρανοῦ· σὺ εἶ ὁ
υἱός μου ὁ ἀγαπητός.
   Ὁ Παῦλος ἔγραψε πᾶσι τοῖς οὖσιν ἐν Ῥώμῃ ἀγαπητοῖς θεοῦ.
10 Ὁ κύριος εἶπε τοῖς μαθηταῖς· ἀπὸ τῶν καρπῶν αὐτῶν ἐπιγ-
νώσεσθε αὐτούς. Οὐ πᾶς ὁ λέγων μοι κύριε κύριε, εἰσελεύσεται
εἰς τὴν βασιλείαν τῶν οὐρανῶν, ἀλλ᾿ ὁ ποιῶν τὸ θέλημα τοῦ
πατρός μου τοῦ ἐν τοῖς οὐρανοῖς. Πολλοὶ ἐροῦσίν μοι ἐν ἐκείνῃ
τῇ ἡμέρᾳ· κύριε κύριε, οὐκ ἐν τῷ ὀνόματί σου δαιμόνια ἐξεβάλομεν;
15 Καὶ οἱ γραμματεῖς ἔλεγον περὶ τοῦ Ἰησοῦ· δαιμόνιον ἔχει.
Οὗτος οὐκ ἐκβάλλει τὰ δαιμόνια εἰ μὴ ἐν τῷ Βεελζεβοὺλ βασιλεῖ
τῶν δαιμονίων. Καὶ ὁ Ἰησοῦς ἔφη αὐτοῖς· εἰ ἐγὼ ἐν Βεελζεβοὺλ
ἐκβάλλω τὰ δαιμόνια, οἱ υἱοὶ ὑμῶν ἐν τίνι ἐκβάλλουσιν; Εἰ δὲ ἐν
πνεύματι θεοῦ ἐγὼ ἐκβάλλω τὰ δαιμόνια, νῦν ἐλήλυθεν ἐφ᾿ ὑμᾶς
20 ἡ βασιλεία τοῦ θεοῦ.
   Εἶπεν ὁ κύριος τοῖς ἑαυτοῦ μαθηταῖς· οὕτως προσεύχεσθε· ἐλ-
θάτω ἡ βασιλεία σου· γενηθήτω τὸ θέλημά σου. Ὃς γὰρ ἂν
ποιήσῃ τὸ θέλημα τοῦ θεοῦ, οὗτος ἀδελφός μου καὶ ἀδελφὴ καὶ
μήτηρ ἐστίν. Ταῦτα λελάληκα ὑμῖν ἵνα καρπὸν πολὺν φέρητε
25 καὶ γένησθε ἐμοὶ μαθηταί. Ὁ δὲ καρπὸς τοῦ πνεύματός ἐστιν
ἀγάπη.
   Καὶ ἰδοὺ ἄνδρες ἔρχονται φέροντες πρὸς τὸν Ἰησοῦν παραλυ-
τικόν. Καὶ μὴ δυνάμενοι ἐνεγκεῖν τὸν παραλυτικὸν αὐτῷ διὰ τὸν
ὄχλον, παρεκάλουν τὸν Ἰησοῦν ἐλθεῖν πρὸς αὐτόν. Καὶ ἰδὼν ὁ
30 Ἰησοῦς τὴν πίστιν αὐτῶν λέγει τῷ παραλυτικῷ· τέκνον, ἀφίενταί
σου αἱ ἁμαρτίαι.
   Τότε οὖν εἶπεν ὁ Ἰησοῦς· Λάζαρος ἀπέθανεν, καὶ χαίρω δι᾿
ὑμᾶς, ἵνα πιστεύσητε, ὅτι οὐκ ἤμην ἐκεῖ· ἀλλὰ ἄγωμεν πρὸς

αὐτόν. Εἶπεν οὖν Θωμᾶς ὁ λεγόμενος Δίδυμος· ἄγωμεν καὶ ἡμεῖς ἵνα ἀποθάνωμεν μετ᾽ αὐτοῦ. Καὶ ἡ Μαριὰμ ἰδοῦσα ᾽Ιησοῦν ἔπεσεν αὐτοῦ πρὸς τοὺς πόδας, λέγουσα αὐτῷ· κύριε, εἰ ἦς ὧδε, οὐκ ἄν μου ἀπέθανεν ὁ ἀδελφός.

Ὁ θεὸς ἔφη, ὡς γέγραπται· εὗρον Δαυὶδ τὸν υἱὸν τοῦ ᾽Ιεσσαί, 5 ἄνδρα κατὰ τὴν καρδίαν μου, ὃς ποιήσει πάντα τὰ θελήματά μου. ᾽Απὸ τούτου ὁ θεὸς ἤγαγεν τῷ ᾽Ισραὴλ τὸν χριστὸν αὐτοῦ, ᾽Ιησοῦν.

Συνηγμένων δὲ τῶν μαθητῶν, εἶπεν αὐτοῖς ὁ ᾽Ιησοῦς· ἄγωμεν εἰς τὴν ᾽Ιουδαίαν πάλιν. Λέγουσιν αὐτῷ οἱ μαθηταί· οἱ ᾽Ιουδαῖοι 10 θέλουσί σε ἀποκτεῖναι. Ὁ δὲ λέγει· μὴ φοβηθῆτε ἀπὸ τῶν ἀποκτεινόντων τὸ σῶμα, τὴν δὲ ψυχὴν μὴ δυναμένων ἀποκτεῖναι. Οὐχὶ δώδεκα ὧραί εἰσιν τῆς ἡμέρας; ᾽Εάν τις περιπατῇ ἐν τῇ ἡμέρᾳ, τὸ φῶς τοῦ κόσμου τούτου βλέπει· ἐὰν δέ τις περιπατῇ ἐν τῇ νυκτί, τὸ φῶς οὐκ ἔστιν ἐν αὐτῷ. 15

Καὶ μετὰ τὸ παραδοθῆναι τὸν ᾽Ιωάνην ἦλθεν ὁ ᾽Ιησοῦς εἰς τὴν Γαλιλαίαν κηρύσσων τὸ εὐαγγέλιον τοῦ θεοῦ. Καὶ εἰσπορεύεται εἰς Καφαρναούμ· καὶ τοῖς σάββασιν εἰσελθὼν εἰς τὴν συναγωγὴν ἐκήρυσσεν.

Ἡ γὰρ δόξα τοῦ θεοῦ φῶς τῆς πόλεως ἐκείνης ἔσται. Καὶ 20 περιπατήσουσιν τὰ ἔθνη διὰ τοῦ φωτὸς αὐτῆς· καὶ οἱ βασιλεῖς τῆς γῆς φέρουσιν τὴν δόξαν αὐτῶν εἰς αὐτήν· νὺξ γὰρ οὐκ ἔσται ἐκεῖ.

Ὡς γὰρ ἦν ᾽Ιωνᾶς ἐν τῇ καρδίᾳ τῆς γῆς τρεῖς ἡμέρας καὶ τρεῖς νύκτας, οὕτως ἔσται ὁ υἱὸς τοῦ ἀνθρώπου ὧδε τρεῖς ἡμέρας καὶ 25 τρεῖς νύκτας.

᾽Ιδὼν δὲ τοὺς Φαρισαίους ἐπηρώτησεν αὐτοὺς ὁ ᾽Ιησοῦς λέγων· τί ὑμῖν δοκεῖ περὶ τοῦ χριστοῦ; Τίνος υἱός ἐστιν; Λέγουσιν αὐτῷ· τοῦ Δαυίδ. Λέγει αὐτοῖς· εἰ οὖν Δαυὶδ καλεῖ αὐτὸν κύριον, πῶς υἱὸς αὐτοῦ ἐστιν; Καὶ ἀπ᾽ ἐκείνης τῆς ἡμέρας οὐδεὶς ἐδύνατο 30 ἐπερωτῆσαι αὐτὸν οὐκέτι.

᾽Αλλὰ τί λέγει ἡ γραφή; Τὸ ῥῆμά ἐστιν ἐν τῷ στόματί σου καὶ ἐν τῇ καρδίᾳ σου· τοῦτ᾽ ἔστιν τὸ ῥῆμα τῆς πίστεως ὃ κηρύσσομεν. Πῶς οὖν πιστεύσωσιν οὗ οὐκ ἤκουσαν; Πῶς δὲ ἀκούσωσιν χωρὶς κηρύσσοντος; Πῶς δὲ κηρύξωσιν ἐὰν μὴ ἀπο- 35 σταλῶσιν;

Ἐγένετο ῥῆμα θεοῦ ἐπὶ Ἰωάνην τὸν Ζαχαρίου υἱόν. Καὶ ὁ
Ἰησοῦς ἐπηρώτησεν περὶ Ἰωάνου· τί ὑμῖν δοκεῖ; Τὰ ῥήματα τοῦ
θεοῦ λαλεῖ; Ὁ μὴ λαμβάνων τὰ ῥήματα αὐτοῦ οὐκ εἰσελεύσεται
εἰς τὴν βασιλείαν. Καὶ οἱ μαθηταὶ ἐφοβοῦντο ἐρωτῆσαι αὐτὸν
5 περὶ τοῦ ῥήματος τούτου.

Εἰσελθὼν ὁ Ἰησοῦς εἰς τὴν συναγωγὴν αὐτῶν ἐδίδασκεν αὐτοὺς
λέγων· δοκεῖτε ὅτι οὐ δύναμαι παρακαλέσαι τὸν πατέρα μου,
καὶ πέμψει νῦν μοι ὄχλον πολὺν τῶν ἀγγέλων; Τοῦτο δὲ γέγονεν
ἵνα πληρωθῶσιν αἱ γραφαὶ τῶν προφητῶν.
10　Καὶ πάλιν ἐν τῇ συναγωγῇ ἐδίδασκεν· οὕτως οὐκ ἔστιν θέλημα
τοῦ πατρὸς ὑμῶν τοῦ ἐν οὐρανοῖς ἵνα ἀπόληται ἐν τῶν μικρῶν
τούτων. Ὅπου γάρ εἰσιν δύο ἢ τρεῖς συνηγμένοι εἰς τὸ ἐμὸν
ὄνομα, ἐκεῖ εἰμι ἐν μέσῳ αὐτῶν.

Καὶ ὁ Ἰησοῦς ἠρώτησεν τοὺς μαθηταῖς εἰσελθεῖν εἰς τὸ πλοῖον
15 ἕως αὐτὸς ἀπολύει τοὺς ὄχλους. Καὶ ἀπολύσας τοὺς ὄχλους
ἀνέβη εἰς τὸ ὄρος. Νυκτὸς δὲ γενομένης, ἦν τὸ πλοῖον ἐν μέσῳ
τῆς θαλάσσης. Καὶ κατὰ μέσον τῆς νυκτὸς ἦλθεν ὁ Ἰησοῦς πρὸς
αὐτοὺς περιπατῶν ἐπὶ τὴν θάλασσαν. Οἱ δὲ μαθηταὶ ἰδόντες
αὐτὸν ἐπὶ τῆς θαλάσσης περιπατοῦντα ἐφοβήθησαν. Ἐλάλησεν
20 δὲ ὁ Ἰησοῦς αὐτοῖς λέγων· εἰρήνη, ἐγώ εἰμι· μὴ φοβεῖσθε.
Ἀποκριθεὶς δὲ αὐτῷ ὁ Πέτρος εἶπεν· κύριε, εἰ σὺ εἶ, λέγε με ἐλθεῖν
πρὸς σὲ ἐπὶ τὰ ὕδατα. Ὁ δὲ εἶπεν· ἐλθέ. Καὶ καταβὰς ἀπὸ τοῦ
πλοίου Πέτρος περιεπάτησεν ἐπὶ τὰ ὕδατα καὶ ἦλθεν πρὸς τὸν
Ἰησοῦν.
25 Οὕτως, ἀγαπητοί, κηρύσσετε τὸ εὐαγγέλιον ἐν εἰρήνῃ, καθὼς
καὶ ὁ ἀγαπητὸς ἡμῶν ἀδελφὸς Παῦλος κατὰ τὴν δοθεῖσαν αὐτῷ
πίστιν ἔγραψεν ὑμῖν.

Ὁ δὲ Πιλᾶτος ἀποκριθεὶς τοῖς ὄχλοις ἔφη· θέλετε ἀπολύσω
ὑμῖν τὸν Ἰησοῦν τὸν βασιλέα τῶν Ἰουδαίων; Οἱ δὲ εἶπαν· αἶρε
30 τοῦτον, ἀπόλυσον δὲ ἡμῖν τὸν Βαραββᾶν.

Καὶ ἤκουσα φωνὴν λέγουσαν· προσεύχεσθε τῷ θεῷ ἡμῶν,
πάντες οἱ δοῦλοι αὐτοῦ, οἱ φοβούμενοι αὐτόν, οἱ μικροὶ καὶ οἱ
μεγάλοι. Καὶ ἰδοὺ εἶδον τοὺς νεκρούς, τοὺς μεγάλους καὶ τοὺς
μικρούς, ἑστῶτας ἐνώπιον τοῦ θρόνου· καὶ ἤκουσα ὡς φωνὴν
35 ὄχλου πολλοῦ καὶ ὡς φωνὴν ὑδάτων πολλῶν, λεγόντων· ἀλλη-
λουϊά.

Καθημένου δὲ αὐτοῦ παρὰ τὴν θάλασσαν, συνάγονται οἱ
ἀπόστολοι πρὸς τὸν Ἰησοῦν. Καὶ ἠρώτησαν αὐτὸν λέγοντες·
κύριε, ὀψόμεθα τὸν υἱὸν τοῦ ἀνθρώπου ἐρχόμενον μετὰ δυνάμεως
καὶ δόξης πολλῆς; Ὁ δὲ ἀπεκρίθη· ἐάν τις ὑμῖν εἴπῃ· ἰδοὺ ὧδε
ὁ χριστός, ἤ· ἰδοὺ ἐκεῖ, μὴ πιστεύετε. Ἐγερθήσονται γὰρ ψευ- 5
δόχριστοι καὶ ψευδοπροφῆται, καὶ ποιήσουσιν σημεῖα μεγάλα.
Δεῖ γὰρ ταῦτα γενέσθαι πρῶτον· καὶ τότε ἔρχεται ἡ ἡμέρα τοῦ
κυρίου.

SECTION XII

Ἔφη ὁ Ἰησοῦς τοῖς Ἰουδαίοις· ἐγὼ δὲ οὐ ζητῶ τὴν δόξαν μου· 10
ἔστιν ὁ πατήρ μου ὁ δοξάζων με, ὃν ὑμεῖς λέγετε ὅτι θεὸς ἡμῶν
ἐστιν. Καὶ ὅτε ὁ Ἰησοῦς προσεκύνησεν ἐν τῷ ἱερῷ ἔλεγεν· πάτερ,
δόξασόν σου τὸ ὄνομα. Καὶ εὐθὺς ἦλθεν φωνὴ ἐκ τοῦ οὐρανοῦ·
καὶ ἐδόξασα καὶ πάλιν δοξάσω.

Καὶ προσῆλθεν τῷ Ἰησοῦ πρεσβύτερός τις λέγων· διδάσκαλε 15
ἀγαθέ, τί ποιήσω ἵνα σχῶ ζωὴν αἰώνιον; Ὁ δὲ ἀπεκρίθη· ποίη-
σον πάντα ὅσα γέγραπται ἐν τῷ νόμῳ. Ἀλλὰ τί με λέγεις
ἀγαθόν; Οὐδεὶς ἀγαθὸς εἰ μὴ εἷς ὁ θεός.

Φίλιππος δὲ κατελθὼν εἰς τὴν πόλιν τῆς Σαμαρείας εὐηγγε-
λίζετο τὸν λαόν· ἐγένετο δὲ πολλὴ χαρὰ ἐν τῇ πόλει ἐκείνῃ. Ὅτε 20
δὲ ἐπίστευσαν τῷ Φιλίππῳ εὐαγγελιζομένῳ περὶ τῆς βασιλείας
τοῦ θεοῦ καὶ τοῦ ὀνόματος Ἰησοῦ Χριστοῦ, ἐβαπτίζοντο ἄνδρες
τε καὶ γυναῖκες. Σίμων δέ τις καὶ αὐτὸς ἐπίστευσεν, καὶ βαπτισθεὶς
ἔμεινεν παρὰ τῷ Φιλίππῳ, θεωρῶν τε σημεῖα καὶ δυνάμεις μεγάλας
γινομένας.   25

Ἡ γυνὴ ἡ Σαμαρῖτίς φησιν τῷ Ἰησοῦ· κύριε, θεωρῶ ὅτι ἀπὸ
θεοῦ ἐλήλυθας διδάσκαλος. Οἱ πατέρες ἡμῶν ἐν τῷ ὄρει τούτῳ
προσεκύνησαν· καὶ ὑμεῖς λέγετε ὅτι ἐν Ἱεροσολύμοις ἐστὶν ὁ
τόπος ὅπου προσκυνεῖν δεῖ. Λέγει αὐτῇ ὁ Ἰησοῦς· πίστευέ μοι,
γύναι, ὅτι ἔρχεται ὥρα ὅτε οὔτε ἐν τῷ ὄρει τούτῳ οὔτε ἐν Ἱεροσο- 30
λύμοις προσκυνήσετε τῷ πατρί. Ὑμεῖς προσκυνεῖτε ὃ οὐκ οἴδατε,
ἡμεῖς προσκυνοῦμεν ὃ οἴδαμεν· ἀλλὰ ἔρχεται ὥρα καὶ νῦν ἐστιν,
ὅτε οἱ πιστοὶ προσκυνήσουσιν τῷ πατρὶ ἐν πνεύματι καὶ σοφίᾳ·
καὶ γὰρ ὁ πατὴρ τοιούτους ζητεῖ τοὺς προσκυνοῦντας αὐτόν.

Πνεῦμα ὁ θεός, καὶ τοὺς προσκυνοῦντας αὐτὸν ἐν πνεύματι καὶ σοφίᾳ δεῖ προσκυνεῖν.

Ἡ χάρις τοῦ μακαρίου καὶ μόνου θεοῦ μεθ᾽ ὑμῶν. Ἀσπάζεταί σε Κλαυδία καὶ οἱ ἀδελφοὶ πάντες. Ἀσπάζομαί σε ἐν κυρίῳ ἐγὼ
5 Τέρτιος ὁ γράψας. Τῷ μόνῳ πιστῷ θεῷ ἡ δόξα ἐν τούτῳ τῷ χρόνῳ καὶ εἰς τοὺς αἰῶνας τῶν αἰώνων· ἀμήν.

Ἐν σοφίᾳ περιπατεῖτε πρὸς τοὺς ἔξω. Μακάριος ὅστις φάγεται ἄρτον ἐν τῇ βασιλείᾳ τοῦ θεοῦ. Ἀλλὰ ταῦτα ἤδη, ἀγαπητοί, εἶπον ὑμῖν.
10 Ἐὰν ταῖς γλώσσαις τῶν ἀνθρώπων λαλῶ καὶ τῶν ἀγγέλων, ἀγάπην δὲ μὴ ἔχω, οὐδέν εἰμι. Νῦν δὲ μένει πίστις, ἐλπίς, ἀγάπη, τὰ τρία ταῦτα.

Ὁ γὰρ λαλῶν γλώσσῃ οὐκ ἀνθρώποις λαλεῖ ἀλλὰ θεῷ· οὐδεὶς γὰρ ἀκούει εἰ ἐν πνεύματι λαλεῖτε. Νῦν δέ, ἀδελφοί,
15 ἐὰν ἔλθω πρὸς ὑμᾶς γλώσσαις λαλῶν, πῶς γνωσθήσεται τὸ λαλούμενον;

Ἐν δυνάμει τοῦ πνεύματος ἁγίου ὁ Στέφανος βλέπων εἰς τὸν οὐρανὸν εἶδεν δόξαν θεοῦ καὶ Ἰησοῦν ἑστῶτα ἐκ δεξιῶν τοῦ θεοῦ, καὶ εἶπεν· ἰδοὺ θεωρῶ τοὺς οὐρανοὺς ἠνεῳγμένους καὶ τὸν υἱὸν
20 τοῦ ἀνθρώπου ἐκ δεξιῶν ἑστῶτα τοῦ θεοῦ. Κράξαντες δὲ φωνῇ μεγάλῃ ἐπέβαλον οἱ Ἰουδαῖοι τὰς χεῖρας ἐπ᾽ αὐτόν, καὶ ἐκβαλόντες ἔξω τῆς πόλεως ἀπέκτειναν αὐτόν.

Τίς ὁ κρινῶν; Χριστὸς Ἰησοῦς ὁ ἀποθανών, μᾶλλον δὲ ἐγερθείς, ὅς ἐστιν ἐν δεξιᾷ τοῦ θεοῦ. Ἤδη δὲ ἐκ τοῦ πνεύματος αὐτοῦ
25 δέδωκεν ἡμῖν.

Ἀρχὴ τοῦ εὐαγγελίου Ἰησοῦ Χριστοῦ, καθὼς γέγραπται ἐν τῷ Ἠσαΐᾳ τῷ προφήτῃ· ἰδοὺ ἀποστέλλω τὸν ἄγγελόν μου εὐαγγελίζεσθαι τοὺς ἀνθρώπους. Ἐν ἀρχῇ ἦν ὁ λόγος, καὶ ὁ λόγος ἦν πρὸς τὸν θεόν, καὶ θεὸς ἦν ὁ λόγος. Οὗτος ἦν ἐν ἀρχῇ
30 πρὸς τὸν θεόν.

Λαλῶν ὁ Παῦλος τοῖς Ἰουδαίοις ἔλεγεν· καὶ ὁ θεὸς εἶπεν πρός με· πορεύου, ὅτι ἐγὼ εἰς τὰ ἔθνη ἐξαποστελῶ σε. Ἤκουον δὲ τοῦ Παύλου ἄχρι τούτου τοῦ λόγου, καὶ ἔκραξαν λέγοντες· αἶρε ἀπὸ τῆς γῆς τὸν τοιοῦτον.
35 Καὶ τῷ ἀγγέλῳ τῆς ἐν Σμύρνῃ ἐκκλησίας γράψον· τάδε λέγει ὁ πρῶτος καὶ ὁ ἔσχατος, ὁ ὢν πρὸ αἰωνίων χρόνων, ὃς ἐγένετο

νεκρὸς καὶ ἔζησεν· γίνου πιστὸς ἄχρι θανάτου, καὶ δώσω σοι
ζωὴν αἰώνιον.
Προσέφερον δὲ αὐτῷ οἱ ὄχλοι παιδία. Οἱ δὲ πρεσβύτεροι καὶ οἱ
μαθηταὶ ἤθελον αὐτὰ ἔξω τηρεῖν. Ὁ δὲ Ἰησοῦς προσεκαλέσατο
αὐτὰ λέγων· ἄφετε τὰ παιδία ἔρχεσθαι πρός με· τῶν γὰρ τοι- 5
ούτων ἐστὶν ἡ βασιλεία τῶν οὐρανῶν. Ἀμὴν λέγω ὑμῖν, ὃς ἂν
μὴ δέξηται τὴν βασιλείαν τοῦ θεοῦ ὡς παιδίον, οὐκ εἰσέρχεται
εἰς αὐτήν.
Καὶ τῷ ἀγγέλῳ τῆς ἐν Περγάμῳ ἐκκλησίας γράψον· ταῦτα
λέγει ὁ υἱὸς τοῦ ἀνθρώπου· οἶδα τὴν οἰκίαν σου, ὅπου ὁ θρόνος 10
τοῦ Σατανᾶ.
Ὅτε οὖν ἤκουσαν οἱ Φαρισαῖοι ὅτι Ἰησοῦς πλείονας μαθητὰς
ποιεῖ καὶ βαπτίζει ἢ Ἰωάνης, Ἰησοῦς ἀπῆλθεν πάλιν εἰς τὴν
Γαλιλαίαν, καὶ ἐκήρυσσεν ἐκεῖ τὸν λόγον. Καὶ πολλῷ πλείους
ἐπίστευσαν διὰ τὸν λόγον αὐτοῦ. 15
Ὡς γὰρ ἄνθρωπος ἀπελθὼν ἐκάλεσεν τοὺς ἰδίους δούλους καὶ
παρέδωκεν αὐτοῖς τὰ ὑπάρχοντα αὐτοῦ, καὶ ἑνὶ ἔδωκεν πέντε
τάλαντα, ἄλλῳ δὲ δύο, καὶ ἄλλῳ ἕν, ἑκάστῳ κατὰ τὴν ἰδίαν
δύναμιν, καὶ ἀπῆλθεν. Εὐθὺς πορευθεὶς ὁ τὰ πέντε τάλαντα
λαβὼν ἐποίησεν ἄλλα πέντε· οὕτως ὁ τὰ δύο λαβὼν ἐποίησεν 20
ἄλλα δύο. Ἀλλ’ ὁ τὸ ἓν λαβὼν ἔθηκεν τὸ τάλαντον αὐτοῦ
ἐν τῇ γῇ μὴ ποιήσας πέντε μηδὲ δύο μηδὲ ἕν. Μετὰ δὲ πολὺν
χρόνον ἔρχεται ὁ κύριος τῶν δούλων ἐκείνων καὶ ἐκάλησεν
τοὺς δούλους οἷς ἔδωκεν τὰ τάλαντα, λέγων· ὅπου τὰ ὑπάρ-
χοντά μοι; 25
Καὶ εἶπεν τοῖς μαθηταῖς αὐτοῦ· ὑμεῖς ἐστε τὸ φῶς τοῦ κόσμου.
Ποιεῖτε οὖν τὸ θέλημα τοῦ θεοῦ, ὅπως οἱ ἄνθρωποι ἴδωσιν ὑμῶν
τὰ καλὰ ἔργα καὶ δοξάσωσιν τὸν πατέρα ὑμῶν τὸν ἐν τοῖς
οὐρανοῖς. Ἀμὴν ἀμὴν λέγω ὑμῖν ὅτι ὁ τὸν λόγον μου ἀκούων
καὶ πιστεύων τῷ πέμψαντί με ἔχει ζωὴν αἰώνιον, καὶ ἤδη ἐλή- 30
λυθεν ἐκ τοῦ θανάτου εἰς τὴν ζωήν.
Ἀγρίππας δὲ πρὸς τὸν Παῦλον ἔφη· δύνασαι περὶ τοῦ γενο-
μένου σοι λέγειν; Εὐθὺς ὁ Παῦλος ἀπεκρίνατο· μακάριός εἰμι
ἐνώπιον τοῦ θρόνου σου ἐλθεῖν· διὸ ἐρωτῶ σε Ἰουδαῖον ὑπάρ-
χοντα ἀκοῦσαί μου. Τὴν μὲν ζωήν μου τὴν ἀπ’ ἀρχῆς γενομένην 35
ἐν Ἱεροσολύμοις οἴδασι πάντες οἱ Ἰουδαῖοι. Καὶ νῦν ἐπ’ ἐλπίδι

τῆς πρὸς τοὺς πατέρας ἡμῶν ἐπαγγελίας γενομένης ὑπὸ τοῦ
μόνου θεοῦ ἕστηκα ὧδε· περὶ ἧς ἐλπίδος θεωρεῖς με μαρτυροῦντα.
Πᾶσῖν γάρ ἐστιν ἡ ἐπαγγελία καὶ τοῖς παιδίοις αὐτῶν καὶ τοῖς
τῶν ἔξω πόλεων.

5 Λέγω γὰρ ὑμῖν, ἀγαπητοί, τὸ εὐαγγέλιον τὸ εὐαγγελισθὲν
ὑπ' ἐμοῦ ὅτι οὐκ ἔστιν κατὰ ἄνθρωπον· οὐδὲ γὰρ ἐγὼ παρὰ
ἀνθρώπου παρέλαβον αὐτό, ἀλλὰ παρὰ ᾽Ιησοῦ Χριστοῦ. Παρέ-
δωκα δὲ ὑμῖν τοῦτο τὸ εὐαγγέλιον ὃ καὶ παρέλαβον, ὅτι Χριστὸς
ἀπέθανεν ὑπὲρ τῶν ἁμαρτιῶν ἡμῶν κατὰ τὰς γραφάς, καὶ ὅτι
10 ἠγέρθη μετὰ τρεῖς ἡμέρας κατὰ τὰς γραφάς. Καὶ ἐγὼ πέποιθα
εἰς ὑμᾶς ἐν κυρίῳ ὅτι οὐδὲν ἄλλο πιστεύετε.

Διὸ πέπεισμαι ὅτι οὔτε θάνατος οὔτε ζωὴ δυνήσεται ἡμᾶς
ἆραι ἀπὸ τῆς ἀγάπης τοῦ θεοῦ τῆς ἐν Χριστῷ ᾽Ιησοῦ τῷ κυρίῳ
ἡμων. Τὸ λοιπόν, ἀδελφοί μου, χαίρετε ἐν κυρίῳ.

15 Καὶ πορευομένου αὐτοῦ ἐν τῇ ὁδῷ, ἠκολούθησαν τῷ ᾽Ιησοῦ
δύο ἄνθρωποι κράζοντες καὶ λέγοντες· υἱὸς Δαυίδ, σῶσον ἡμᾶς.
Διὸ λέγει αὐτοῖς ὁ ᾽Ιησοῦς· πιστεύετε ὅτι δύναμαι τοῦτο ποιῆσαι;
Λέγουσιν αὐτῷ· πιστεύομεν, κύριε. Τότε εἶπεν· κατὰ τὴν πίστιν
ὑμῶν, γενηθήτω ὑμῖν. Καὶ εὐθὺς ἠνεῴχθησαν αὐτῶν οἱ ὀφθαλμοί,
20 καὶ ἀπῆλθον μετὰ χαρᾶς μεγάλης.

῎Ηκουσα φωνῆς μεγαλῆς ἐκ τοῦ θρόνου λεγούσης· γράψον,
ὅτι οὗτοι οἱ λόγοι πιστοί εἰσιν. ᾽Ιδοὺ ἡ βασιλεία τοῦ θεοῦ μετὰ
τῶν ἀνθρώπων ἐστίν. Καὶ αὐτοὶ λαοὶ αὐτοῦ ἔσονται, καὶ αὐτὸς
ὁ θεὸς μετ' αὐτῶν ἔσται, καὶ ὁ θάνατος οὐκ ἔσται ἔτι.

25 Οἱ ἀρχιερεῖς καὶ οἱ πρεσβύτεροι ἔλεγον περὶ τοῦ ᾽Ιησοῦ· ἄλλους
ἔσωσεν, ἑαυτὸν οὐ δύναται σῶσαι. Εἰ βασιλεὺς ᾽Ισραήλ ἐστιν,
καταβάτω νῦν καὶ πιστεύσομεν ἐπ' αὐτόν. Πέποιθεν ἐπὶ τὸν
θεόν, σωσάτω αὐτὸν ὁ θεός.

Τέκνα, μὴ ἀγαπῶμεν λόγῳ μηδὲ τῇ γλώσσῃ, ἀλλὰ ἐν ἔργῳ
30 καὶ ἀληθείᾳ. ᾽Αγαπητοί, μὴ ἀγαπᾶτε τὸν κόσμον μηδὲ τὰ ἐν τῷ
κόσμῳ. ᾽Εάν τις ἀγαπᾷ τὸν κόσμον, οὐκ ἔστιν ἡ ἀγάπη τοῦ
πατρὸς ἐν αὐτῷ. ῾Ο δὲ ποιῶν τὸ θέλημα τοῦ θεοῦ μένει εἰς τὸν
αἰώνιον χρόνον.

Καὶ εἶπεν αὐτοῖς ὁ ἄγγελος· μὴ φοβεῖσθε· ἰδοὺ γὰρ εὐαγγελί-
35 ζομαι ὑμῖν χαρὰν μεγάλην, ἥτις ἔσται παντὶ τῷ λαῷ· καὶ τὴν
χαρὰν ὑμῶν οὐδεὶς ἀρεῖ ἀφ' ὑμῶν.

Ἔφη δὲ ὁ Ἡρώδης· Ἰωάνην ἐγὼ ἀπέκτεινα· τίς δέ ἐστιν οὗτος περὶ οὗ ἀκούω τοιαῦτα; Οὐ πλεῖον Ἰωάνου ὧδε; Καὶ ἐζήτει ἰδεῖν τὸν Ἰησοῦν.

Ὁ κύριος ἀπῆλθεν ἀπὸ τοῦ ὄχλου, καὶ ὅτε ἐγένετο κατὰ μόνας, ἠρώτων αὐτὸν οἱ δώδεκα λέγοντες· τίς ἡ παραβολὴ αὕτη; Καὶ 5 ἔλεγεν αὐτοῖς· ὑμῖν δέδοται γνῶναι τὴν ἀλήθειαν τῆς βασιλείας τοῦ θεοῦ· τοῖς δὲ λοιποῖς τοῖς ἔξω ἐν παραβολαῖς τὰ πάντα γίνεται.

Εἶπον δὲ οἱ ὄχλοι πρὸς τὸν Πέτρον καὶ τοὺς λοιποὺς ἀποστόλους· τί ποιήσωμεν, ἄνδρες ἀδελφοί; Πέτρος δὲ πρὸς αὐτούς· 10 βαπτισθήτω ἕκαστος ὑμῶν ἐν τῷ ὀνόματι Ἰησοῦ Χριστοῦ, καὶ λήμψεσθε τὸ ἅγιον πνεῦμα. Ὑμῖν γάρ ἐστιν ἡ ἐπαγγελία καὶ τοῖς τέκνοις ὑμῶν. Λοιπόν, ἀδελφοί, χαίρετε ἐν κυρίῳ.

LIST OF IDENTIFIED VERB FORMS

(The form given in parentheses is the entry word for the Bauer
    lexicon)

ἀγαπᾷ (ἀγαπάω) pres. a./pres. subj. a.

ἀγαπᾶν (ἀγαπάω) pres. inf. a.

αἰτεῖτε (αἰτέω) pres. impv. a.

ἀκήκοα, ἀκηκόαμεν (ἀκούω) pf. a.

ἀκολουθήσουσιν (ἀκολουθέω) fut. a.

ἄκουε (ἀκούω) pres. impv. a.

ἀναβάς (ἀναβαίνω) 2 aor. ptc. a.

ἀναβέβηκα (ἀναβαίνω) pf. a.

ἀναστάς (ἀνίστημι) 2 aor. ptc. a.

ἀνάστηθι (ἀνίστημι) 2 aor. impv. a.

ἀναστῆναι (ἀνίστημι) 2 aor. inf. a.

ἀνέβη (ἀναβαίνω) 2 aor. a.

ἀνέστη (ἀνίστημι) 2 aor. a.

ἀνέστησεν (ἀνίστημι) 1 aor. a.

ἀνεῳχθῆναι (ἀνοίγω) 1 aor. inf. p.

ἀνοίξω (ἀνοίγω) fut. a.

ἀπέθανεν, ἀπέθανον (ἀποθνήσκω) 2 aor. a.

ἀπεκρίθην (ἀποκρίνομαι) 1 aor. p.

ἀπέκτεινα (ἀποκτείνω) 1 aor. a.

ἀπελεύσομαι (ἀπέρχομαι) fut. m.

ἀπέλθητε (ἀπέρχομαι) 2 aor. subj. a.

ἀπέσταλκεν (ἀποστέλλω) pf. a.

ἀπεσταλμένος (ἀποστέλλω) pf. ptc. p.

ἀπέστειλεν (ἀποστέλλω) 1 aor. a.

ἀποθανεῖν (ἀποθνήσκω) 2 aor. inf. a.

ἀποκριθείς (ἀποκρίνομαι) 1 aor. ptc. p.

ἀποκριθῆναι (ἀποκρίνομαι) 1 aor. inf. p.

ἀποκτεῖναι (ἀποκτείνω) 1 aor. inf. a.

ἀπολέσαι (ἀπόλλυμι) 1 aor. inf. a.
ἀπόληται (ἀπόλλυμι) 2 aor. subj. m.
ἀπολωλότας (ἀπόλλυμι) pf. ptc. m.
ἀποσταλῶσιν (ἀποστέλλω) 2 aor. subj. p.
ἀποστείλαντα, ἀποστείλας (ἀποστέλλω) 1 aor. ptc. a.
ἀποστελῶ (ἀποστέλλω) fut. a.
ἀπώλεσα (ἀπόλλυμι) 1 aor. a.
ἆραι (αἴρω) 1 aor. inf. a.
ἀρεῖ (αἴρω) fut. a.
ἀρξάμενος (ἄρχω) 1 aor. ptc. m.
ἀφείς (ἀφίημι) 2 aor. ptc. a.
ἄφες, ἄφετε (ἀφίημι) 2 aor. impv. a.
ἀφέωνται (ἀφίημι) pf. p.
ἀφῇ (ἀφίημι) 2 aor. subj. a.
ἀφίενται, ἀφίεται (ἀφίημι) pres. p.

βάλε (βάλλω) 2 aor. impv. a.
βληθῇ (βάλλω) 1 aor. subj. p.
βλήθητι (βάλλω) 1 aor. impv. p.

γεγέννημαι (γεννάω) pf. p.
γεγεννημένος (γεννάω) pf. ptc. p.
γέγονεν (γίνομαι) pf. a.
γέγραπται (γράφω) pf. p.
γενέσθαι (γίνομαι) 2 aor. inf. m.
γενηθήτω (γίνομαι) 1 aor. impv. p.
γένησθε, γένηται (γίνομαι) 2 aor. subj. m.
γεννηθῇ (γεννάω) 1 aor. subj. p.
γεννηθῆναι (γεννάω) 1 aor. inf p.
γένοιτο (γίνομαι) 2 aor. optative m.
γενομένης, γενομένου (γίνομαι) 2 aor. ptc. m.
γενώμεθα (γίνομαι) 2 aor. subj. m.
γνῶ, γνῷ (γινώσκω) 2 aor. subj. a.
γνῶναι (γινώσκω) 2 aor. inf. a.
γνωσθήσεται (γινώσκω) fut. p.
γνώσομαι (γινώσκω) fut. m.

δέδοται (δίδωμι) pf. p.
δέδωκας, δέδωκε (δίδωμι) pf. a.
δεῖ (δεῖ) pres. a.
δέξηται (δέχομαι) 1 aor. subj. m.
διδάξῃ (διδάσκω) 1 aor. subj. a.
δίδαξον (διδάσκω) 1 aor. impv. a.
δίδωσιν (δίδωμι) pres. a.
δοθεῖσαν (δίδωμι) 1 aor. ptc. p.
δοθήσεται (δίδωμι) fut. p.
δοκεῖ (δοκέω) pres. a.
δός, δότε, δότω (δίδωμι) 2 aor. impv. a.
δούς (δίδωμι) 2 aor. ptc. a.
δύνασαι (δύναμαι) pres. p.
δύνῃ (δύναμαι) pres. p.
δυνήσομαι (δύναμαι) fut. m.
δώσει (δίδωμι) fut. a.

ἐγένετο (γίνομαι) 2 aor. m.
ἐγεννήθην (γεννάω) 1 aor. p.
ἐγένοντο (γίνομαι) 2 aor. m.
ἐγερθείς (ἐγείρω) 1 aor. ptc. p.
ἐγερθήσεται (ἐγείρω) fut. p.
ἔγνω (γινώσκω) 2 aor. a.
ἐγνώκαμεν (γινώσκω) pf. a.
ἔγνων, ἔγνωσαν (γινώσκω) 2 aor. a.
ἐγνώσθην (γινώσκω) 1 aor. p.
ἐδέξαντο (δέχομαι) 1 aor. m.
ἐδίδαξεν (διδάσκω) 1 aor. a.
ἐδιδάχθην (διδάσκω) 1 aor. p.
ἐδόθη (δίδωμι) 1 aor. p.
ἐδοξάσθη (δοξάζω) 1 aor. p.
ἔδωκα, ἔδωκε (δίδωμι) 1 aor. a.
ἔθηκεν (τίθημι) 1 aor. a.
εἶδεν (εἶδον) 2 aor. a.
εἰδέναι (οἶδα) pf. inf. a.
εἶναι (εἰμί) pres. inf.

εἶπεν (εἶπον) 2 aor. a.

εἴπῃ, εἴπῃς, εἴπω (εἶπον) 2 aor. subj. a,

εἴρηκα (εἶπον) pf. a.

εἴσελθε (εἰσέρχομαι) 2 aor. impv. a.

ἐκάθητο (κάθημαι) impf. a.

ἐκλήθητε (καλέω) 1 aor. p.

ἔκραξαν (κράζω) 1 aor. a.

ἐκρίθη (κρίνω) 1 aor. p.

ἔκρινα (κρίνω) 1 aor. a.

ἔλαβεν, ἐλάβετε (λαμβάνω) 2 aor. a.

ἐλεύσεται, ἐλευσόμεθα (ἔρχομαι) fut. m.

ἐληλύθασι, ἐλήλυθεν (ἔρχομαι) pf. a.

ἐλθάτω, ἐλθέ (ἔρχομαι) 2 aor. impv. a.

ἐλθεῖν (ἔρχομαι) 2 aor. inf. a.

ἐλθόντες (ἔρχομαι) 2 aor. ptc. a.

ἔλθω (ἔρχομαι) 2 aor. subj. a.

ἐλθών (ἔρχομαι) 2 aor. ptc. a.

ἔμεινεν (μένω) 1 aor. a.

ἐνεγκεῖν (φέρω) 2 aor. inf. a.

ἕξεις, ἕξω (ἔχω) fut. a.

ἐπέβαλεν, ἐπέβαλον (ἐπιβάλλω) 2 aor. a.

ἐπέγνω (ἐπιγινώσκω) 2 aor. a.

ἐπέθηκαν (ἐπιτίθημι) 1 aor. a.

ἔπεσα, ἔπεσεν (πίπτω) 1 aor. a.

ἐπηρώτησεν (ἐπερωτάω) 1 aor. a.

ἐπιγνώσεσθε (ἐπιγινώσκω) fut. m.

ἐπιθείς (ἐπιτίθημι) 2 aor. ptc. a.

ἐπίθες (ἐπιτίθημι) 2 aor. impv. a.

ἐπιθῇ (ἐπιτίθημι) 2 aor. subj. a.

ἐρεῖ, ἐροῦμεν, ἐροῦσιν (εἶπον) fut. a.

ἔρχῃ (ἔρχομαι) pres. m./p.

ἔρχου (ἔρχομαι) pres. impv. m./p.

ἐρωτῆσαι (ἐρωτάω) 1 aor. inf. a.

ἐσμέν (εἰμί) pres.

ἔσομαι, ἔσται (εἰμί) fut.

ἔστη (ἵστημι) 2 aor. a.

ἕστηκας, ἑστήκασιν (ἵστημι) pf. a.
ἔστησαν (ἵστημι) 1/2 aor. a.
ἑστώς, ἑστῶτα, ἑστῶτες (ἵστημι) pf. ptc. a.
ἔσχε, ἔσχον (ἔχω) 2 aor. a.
ἐσώθην (σῴζω) 1 aor. p.
εὐηγγελίζετο (εὐαγγελίζω) impf. m.
εὕρῃ (εὑρίσκω) 2 aor. subj. a.
εὑρήκαμεν (εὑρίσκω) pf. a.
εὑρήσω (εὑρίσκω) fut. a.
εὕρομεν, εὗρον (εὑρίσκω) 2 aor. a.
ἔφη (φημί) impf. a./2 aor. a.
ἐχάρην (χαίρω) 2 aor. p.
ἑώρακα, ἑωράκαμεν, ἑώρακεν (ὁράω) pf. a.

ζῇ (ζάω) pres. a.
ζήτησον (ζητέω) 1 aor. impv. a.
ζητῶν (ζητέω) pres. ptc. a.
ζῶ (ζάω) pres. a.

ᾖ (εἰμί) pres. subj.
ἤγαγεν (ἄγω) 2 aor. a.
ἠγάπα, ἠγαπᾶτε (ἀγαπάω) impf. a.
ἠγέρθην (ἐγείρω) 1 aor. p.
ἠδυνήθησαν (δύναμαι) 1 aor. p.
ἠθέλησα (θέλω) 1 aor. a.
ἤθελον (θέλω) impf. a
ἤκουον (ἀκούω) impf. a.
ἦλθε, ἦλθον (ἔρχομαι) 2 aor. a.
ἠνεῳγμένους (ἀνοίγω) pf. ptc. p.
ἠνεῴχθησαν (ἀνοίγω) 1 aor. p.
ἤνοιξεν (ἀνοίγω) 1 aor. a.
ἦραν, ἦρεν (αἴρω) 1 aor. a.
ἤρξαντο, ἤρξατο (ἄρχω) 1 aor. m.
ἤρχετο (ἔρχομαι) impf. m./p.
ἠρώτων (ἐρωτάω) impf. a.

θεωρεῖς (θεωρέω) pres. a.
θεωρῶν (θεωρέω) pres. ptc. a.

ἴδε (εἶδον) 2 aor. impv. a.
ἰδεῖν (εἶδον) 2 aor. inf. a.
ἴδετε (εἶδον) 2 aor. impv. a.
ἴδῃς (εἶδον) 2 aor. subj. a.
ἰδόντες, ἰδοῦσα, ἰδών (εἶδον) 2 aor. ptc. a.
ἴδωσιν (εἶδον) 2 aor. subj. a.
ἴσθι (εἰμί) pres. impv.

καθημένου (κάθημαι) pres. ptc. m./p.
καλεῖ (καλέω) pres. a.
καταβάς (καταβαίνω) 2 aor. ptc. a.
καταβέβηκα (καταβαίνω) pf. a.
κατέβη (καταβαίνω) 2 aor. a.
κατεκρίθη (κατακρίνω) 1 aor. p.
κέκριμαι, κέκριται (κρίνω) pf. p.
κηρύξωσιν (κηρύσσω) 1 aor. subj. a.
κληθήσεται (καλέω) fut. p.
κράξαντες (κράζω) 1 aor. ptc. a.

λάβε (λαμβάνω) 2 aor. impv. a.
λαβεῖν (λαμβάνω) 2 aor. inf. a.
λάβετε (λαμβάνω) 2 aor. impv. a.
λάβῃ (λαμβάνω) 2 aor. subj. a.
λαβόντες, λαβών (λαμβάνω) 2 aor. ptc. a.
λαλεῖ (λαλέω) pres. a.
λελάληκα (λαλέω) pf. a.
λήμψεσθε (λαμβάνω) fut. m.

μαρτυροῦμεν (μαρτυρέω) pres. a.
μεῖναι (μένω) 1 aor. inf. a.
μείνατε (μένω) 1 aor. impv. a.

οἶδα, οἴδατε (οἶδα) pf. a.
ὄψεσθε, ὄψεται, ὄψῃ (ὁράω) fut. m.

παραδιδόναι (παραδίδωμι) pres. inf. a.
παραδίδοσθαι (παραδίδωμι) pres. inf. p.
παραδιδούς (παραδίδωμι) pres. ptc. a.
παραδοθῆναι (παραδίδωμι) 1 aor. inf. p.
παραδοθήσεται (παραδίδωμι) fut. p.
παραδούς (παραδίδωμι) 2 aor. ptc. a.
παρακαλῶ (παρακαλέω) pres. a.
παρέλαβον (παραλαμβάνω) 2 aor. a.
παρελεύσεται (παρέρχομαι) fut. a.
παρέλθῃ (παρέρχομαι) 2 aor. subj. a.
πέμψαντα (πέμπω) 1 aor. ptc. a.
πέπεισμαι (πείθω) pf. p.
πεπιστευκώς (πιστεύω) pf. ptc. a.
πεπλήρωται (πληρόω) pf. p.
πέποιθα, πέποιθεν (πείθω) pf. a.
περιπατῶν (περιπατέω) pres. ptc. a.
πίητε (πίνω) 2 aor. subj. a.
πληρωθῇ, πληρωθῶσιν (πληρόω) 1 aor. subj. p.
πληρῶσαι (πληρόω) 1 aor. inf. a.
ποιεῖ (ποιέω) pres. a.
ποίει (ποιέω) pres. impv. a.
πορεύθητι (πορεύω) 1 aor. impv. p.
προσεκύνησεν (προσκυνέω) 1 aor. a.
προσευξάμενοι (προσεύχομαι) 1 aor. ptc. m.
προσεύξηται (προσεύχομαι) 1 aor. subj. m.
προσηύξατο (προσεύχομαι) 1 aor. m.

ῥηθέν (εἶπον) 1 aor. ptc. p.

σέσωκα, σέσωκεν (σῴζω) pf. a.
σέσῳσται (σῴζω) pf. p.
σταθῇ (ἵστημι) 1 aor. subj. p.
σταθῆναι (ἵστημι) 1 aor. inf. p.
συνέφαγες (συνεσθίω) 2 aor. a.
συνηγμένων (συνάγω) pf. ptc. p.
σχῶ (ἔχω) 2 aor. subj. a.

σωθῇ (σῴζω) 1 aor. subj. p.
σωθῆναι (σῴζω) 1 aor. inf. p.
σῶσαι (σῴζω) 1 aor. inf. a.
σωσάτω, σῶσον (σῴζω) 1 aor. impv. a.
σώσω (σῴζω) 1 aor. subj. a./fut. a.

τετήρηκα (τηρέω) pf. a.
τιθέμενον (τίθημι) pres. ptc. p.

φάγε (ἐσθίω) 2 aor. impv. a.
φαγεῖν (ἐσθίω) 2 aor. inf. a.
φάγονται (ἐσθίω) fut. m.
φησίν (φημί) pres. a.
φοβούμενος (φοβέω) pres. ptc. p.

ὦσιν (εἰμί) pres. subj.

THE FORMS OF THE VERB πιστεύω

	INDICATIVE		SUBJUNCTIVE		IMPERATIVE		INFINITIVE	
	A.	M./P.	A.	M./P.	A.	M./P.	A.	M./P.
PRES.	πιστεύω	πιστεύομαι	πιστεύω	πιστεύωμαι			πιστεύειν	πιστεύεσθαι
	πιστεύεις	πιστεύῃ	πιστεύῃς	πιστεύῃ	πίστευε	πιστεύου		
	πιστεύει	πιστεύεται	πιστεύῃ	πιστεύηται	πιστευέτω	πιστευέσθω		
	πιστεύομεν	πιστευόμεθα	πιστεύωμεν	πιστευώμεθα				
	πιστεύετε	πιστεύεσθε	πιστεύητε	πιστεύησθε	πιστεύετε	πιστεύεσθε		
	πιστεύουσι(ν)	πιστεύονται	πιστεύωσι(ν)	πιστεύωνται	πιστευέτωσαν	πιστευέσθωσαν		
IMPF.	ἐπίστευον	ἐπιστευόμην						
	ἐπίστευες	ἐπιστεύου						
	ἐπίστευε(ν)	ἐπιστεύετο						
	ἐπιστεύομεν	ἐπιστευόμεθα						
	ἐπιστεύετε	ἐπιστεύεσθε						
	ἐπίστευον	ἐπιστεύοντο						
FUT.	πιστεύσω	M.						
	πιστεύσεις	πιστεύσομαι						
	πιστεύσει	πιστεύσῃ						
	πιστεύσομεν	πιστεύσεται						
	πιστεύσετε	πιστευσόμεθα						
	πιστεύσουσι(ν)	πιστεύσεσθε						
		πιστεύσονται						
		P.						
		πιστευθήσομαι						
		πιστευθήσῃ						
		πιστευθήσεται						
		πιστευθησόμεθα						
		πιστευθήσεσθε						
		πιστευθήσονται						

	A.	M.	A.	M.	A.	M.	A.	M.
		ἐπιστευσάμην		πιστεύσωμαι				
		ἐπιστεύσω		πιστεύσῃ		πίστευσαι		
		ἐπιστεύσατο		πιστεύσηται		πιστευσάσθω		
	ἐπίστευσα	ἐπιστευσάμεθα	πιστεύσω	πιστευσώμεθα				πιστεύσασθαι
	ἐπίστευσας	ἐπιστεύσασθε	πιστεύσῃς	πιστεύσησθε	πίστευσον	πιστεύσασθε		
	ἐπίστευσε(ν)	ἐπιστεύσαντο	πιστεύσῃ	πιστεύσωνται	πιστευσάτω	πιστευσάσθωσαν	πιστεῦσαι	
AOR.		P.		P.		P.		P.
	ἐπιστεύσαμεν	ἐπιστεύθην	πιστεύσωμεν	πιστευθῶ				
	ἐπιστεύσατε	ἐπιστεύθης	πιστεύσητε	πιστευθῇς	πιστεύσατε	πιστεύθητι		
	ἐπίστευσαν	ἐπιστεύθη	πιστεύσωσι(ν)	πιστευθῇ	πιστευσάτωσαν	πιστευθήτω		πιστευθῆναι
		ἐπιστεύθημεν		πιστευθῶμεν				
		ἐπιστεύθητε		πιστευθῆτε		πιστεύθητε		
		ἐπιστεύθησαν		πιστευθῶσι(ν)		πιστευθήτωσαν		
		M./P.						M./P.
	πεπίστευκα	πεπίστευμαι						
	πεπίστευκας	πεπίστευσαι						
	πεπίστευκε(ν)	πεπίστευται						
PERF.							πεπιστευκέναι	πεπιστεῦσθαι
	πεπιστεύκαμεν	πεπιστεύμεθα						
	πεπιστεύκατε	πεπίστευσθε						
	πεπιστεύκασι(ν)	πεπίστευνται						

THE PARTICIPLE

		singular			plural		
		m.	f.	n.	m.	f.	n.
PRES. A.	Nom.	πιστεύων	πιστεύουσα	πιστεῦον	πιστεύοντες	πιστεύουσαι	πιστεύοντα
	Gen.	πιστεύοντος	πιστευούσης	πιστεύοντος	πιστευόντων	πιστευουσῶν	πιστευόντων
	Dat.	πιστεύοντι	πιστευούσῃ	πιστεύοντι	πιστεύουσι(ν)	πιστευούσαις	πιστεύουσι(ν)
	Acc.	πιστεύοντα	πιστεύουσαν	πιστεῦον	πιστεύοντας	πιστευούσας	πιστεύοντα
M./P.	Nom.	πιστευόμενος	πιστευομένη	πιστευόμενον	πιστευόμενοι	πιστευόμεναι	πιστευόμενα
	Gen.	πιστευομένου	πιστευομένης	πιστευομένου	πιστευομένων	πιστευομένων	πιστευομένων
	Dat.	πιστευομένῳ	πιστευομένῃ	πιστευομένῳ	πιστευομένοις	πιστευομέναις	πιστευομένοις
	Acc.	πιστευόμενον	πιστευομένην	πιστευόμενον	πιστευομένους	πιστευομένας	πιστευόμενα
AOR. A.	Nom.	πιστεύσας	πιστεύσασα	πιστεῦσαν	πιστεύσαντες	πιστεύσασαι	πιστεύσαντα
	Gen.	πιστεύσαντος	πιστευσάσης	πιστεύσαντος	πιστευσάντων	πιστευσασῶν	πιστευσάντων
	Dat.	πιστεύσαντι	πιστευσάσῃ	πιστεύσαντι	πιστεύσασι(ν)	πιστευσάσαις	πιστεύσασι(ν)
	Acc.	πιστεύσαντα	πιστεύσασαν	πιστεῦσαν	πιστεύσαντας	πιστευσάσας	πιστεύσαντα
M.	Nom.	πιστευσάμενος	πιστευσαμένη	πιστευσάμενον	πιστευσάμενοι	πιστευσάμεναι	πιστευσάμενα
	Gen.	πιστευσαμένου	πιστευσαμένης	πιστευσαμένου	πιστευσαμένων	πιστευσαμένων	πιστευσαμένων
	Dat.	πιστευσαμένῳ	πιστευσαμένῃ	πιστευσαμένῳ	πιστευσαμένοις	πιστευσαμέναις	πιστευσαμένοις
	Acc.	πιστευσάμενον	πιστευσαμένην	πιστευσάμενον	πιστευσαμένους	πιστευσαμένας	πιστευσάμενα
P.	Nom.	πιστευθείς	πιστευθεῖσα	πιστευθέν	πιστευθέντες	πιστευθεῖσαι	πιστευθέντα
	Gen.	πιστευθέντος	πιστευθείσης	πιστευθέντος	πιστευθέντων	πιστευθεισῶν	πιστευθέντων
	Dat.	πιστευθέντι	πιστευθείσῃ	πιστευθέντι	πιστευθεῖσι(ν)	πιστευθείσαις	πιστευθεῖσι(ν)
	Acc.	πιστευθέντα	πιστευθεῖσαν	πιστευθέν	πιστευθέντας	πιστευθείσας	πιστευθέντα